Renate Valtin
Was ist ein gutes Zeugnis?

Renate Valtin
zusammen mit Corinna Schmude, Heidrun Rosenfeld,
Kerstin Darge, Gudula Ostrup, Oliver Thiel, Matthea Wagener
und Christine Wagner

Was ist ein gutes Zeugnis?

Noten und verbale Beurteilungen auf dem Prüfstand

Juventa Verlag Weinheim und München 2002

Die in diesem Band enthaltenen Illustrationen von Amelie Glienke drucken wir mit freundlicher Genehmigung der Künstlerin.

Die Deutsche Bibliothek - CIP-Einheitsaufnahme

Ein Titeldatensatz für diese Publikation ist bei der Deutschen Bibliothek erhältlich.

Das Werk einschließlich aller seiner Teile ist urheberrechtlich geschützt. Jede Verwertung außerhalb der engen Grenzen des Urheberrechtsgesetzes ist ohne Zustimmung des Verlags unzulässig und strafbar. Das gilt insbesondere für Vervielfältigungen, Übersetzungen, Mikroverfilmungen und die Einspeicherung und Verarbeitung in elektronischen Systemen.

© 2002 Juventa Verlag Weinheim und München
Umschlaggestaltung: Atelier Warminski, 63654 Büdingen
Umschlagabbildung: Amelie Glienke, Berlin
Printed in Germany

ISBN 3-7799-1089-6

Vorbemerkung

Schulzeugnisse stehen zunehmend im Kreuzfeuer der Meinungen. Die Warnung vor notenfreier „Kuschelpädagogik" (Ex-Bundespräsident Roman Herzog) einerseits und die vor der „Fragwürdigkeit der Zensurengebung" (Karl-Heinz Ingenkamp) andererseits markieren die Pole einer Diskussion, die gelegentlich die Heftigkeit eines Glaubensstreites annimmt - geht es doch um Leistung und Leistungsbereitschaft der Schülerinnen und Schüler, ja letztlich um die Zukunft des Wirtschaftsstandorts Deutschland....

Seit vielen Jahren zerbrechen sich Experten und Expertinnen aus Pädagogik, Psychologie und Soziologie den Kopf über diese Problematik von Noten und Zeugnissen. Zu diesem Thema gibt es viele Meinungen, doch wenig Forschungsergebnisse. Merkwürdigerweise kamen auch die von Zeugnissen unmittelbar Betroffenen, die Kinder, aber auch ihre Eltern, selten zu Wort. Ein großes Projekt zur Leistungsbeurteilung in der Grundschule, an dem mehrere hundert Kinder, Eltern und ihre Lehrkräfte beteiligt waren, versucht diesem Mangel abzuhelfen. Dieses Projekt gibt umfassend Auskunft über Erfahrungen mit sowie Probleme und Verbesserungsmöglichkeiten von Noten und verbaler Beurteilung. Das vorliegende Buch enthält wesentliche und mitteilenswerte Ergebnisse.

- Wer die Einstellungen von Eltern, Lehrkräften und Schülerinnen und Schülern kennen lernen möchte, lese die Kapitel 1, 2, 3, 4 und 5;
- wer sich für den Zusammenhang zwischen Zeugnissen, Lehrerverhalten und Schülerentwicklung interessiert, lese insbesondere die Kapitel 7, 10, 11 und 12;
- wer Hinweise sucht für die Verbesserung bzw. optimale Abfassung von verbalen Berichtszeugnissen, lese die Kapitel 6, 7, 8 und 9;
- Empirieversierte und -versehrte finden im Kapitel 13 Informationen über das Forschungsprojekt NOVARA.

Das vorliegende Buch und das genannte Projekt wäre nicht zustande gekommen ohne die Mithilfe zahlreicher Personen. Danken möchte ich Frau Dr. Irina Würscher, die mit mir das Projekt leitete, sowie den Mitarbeiterinnen und dem Mitarbeiter dieses Projektes, die an der Erhebung sowie Auswertung beteiligt waren: Frau Dr. Corinna Schmude, Frau Dipl.-Psych. Heidrun Rosenfeld, Frau Dipl.-Psych. Susanne Jena sowie Herrn Dipl.-Psych. Christoph Wisser. Außerdem waren folgende studentische Hilfskräfte über längere oder kürzere Zeiträume an diversen Projektarbeiten beteiligt, denen ebenfalls mein Dank gilt: Ulrike Fischer, Annegret Hauser, Ilka Himmelsbach, Katrin Hölzel, Gitta Karp, Despina Konstantinidou, Friederike Krumbein, Barbara Lyhs, Yonca Paker, Nadin Papenhagen, Detlev Seitz, Sabine Spiegel, Ursula Epe, Anett Lehmann, Tanja Pfeiffer, Heike Preuß, Cora Sekuterski, Oliver Weber, Hanna Dobrovoda. Frau Christel Schnee, die kompetent alle bürokratischen und verwaltungstechnischen Hürden meisterte und sich wacker mit immer wieder neuen Formularen und Vorschriften herumgeschlagen hat, bin ich zu ganz besonderem Dank verpflichtet. Dieter Haarmann danke ich für wertvolle Hinweise bei der Manuskriptgestaltung.

Das Forschungsprojekt wäre nicht zustande gekommen ohne die Beteiligung und das Engagement zahlreicher Schulleiterinnen und Schulleiter, Lehrerinnen, Eltern und vor allem der Schülerinnen und Schüler. Ihnen allen sei herzlich gedankt. Möge dieses Buch dazu beitragen, dass ihren Wünschen und Erwartungen in Bezug auf die Leistungsbeurteilung besser entsprochen wird als bisher.

Berlin, im September 2001
Renate Valtin

Inhalt

1. **Die Note als Giftpilz des Haus- und Schullebens?**
   von Renate Valtin 11
   Zur Kritik an der Zensurengebung 11
   Intentionen der Einführung der verbalen Beurteilung 12
   Zur Kritik an der verbalen Beurteilung 13
   Kurzer Überblick zum Forschungsstand 14

2. **Wofür braucht man ein Zeugnis?**
   Zur Funktion von Zeugnissen aus der Sicht von Experten
   und Betroffenen
   von Renate Valtin, Corinna Schmude 17
   Die Sicht von Experten 17
   Die Sicht von Kindern der 2. Klasse 18
   Die Sicht der Eltern 21
   Die Sicht der Lehrerinnen und Lehrer 24
   Abschließende Bemerkungen 25

3. **Welche Einstellungen und Erwartungen haben Eltern in Bezug auf die Grundschule?**
   von Heidrun Rosenfeld, Renate Valtin 27
   Einstellungen der Eltern zur Schule 28
   Welche Reformen wünschen sich Eltern für die Grundschule? 34
   Abschließende Bemerkungen 36

4. **Welche Erfahrungen, Einstellungen und Wünsche haben Eltern in Bezug auf Notengebung und Verbalbeurteilung?**
   von Renate Valtin, Heidrun Rosenfeld 37
   Wie beurteilen Eltern die Abfassung des Berichtszeugnisses? 37
   Wie waren die Reaktionen der Kinder und Eltern
   auf das Berichtszeugnis? 38
   Welche Wünsche haben Eltern an das Berichtszeugnis? 40
   Welche Zeugnisarten wünschen sich Eltern? 42
   Wie schätzen Eltern die Vor- und Nachteile von Noten
   und verbaler Beurteilung ein? 43
   Welche Eltern wünschen überhaupt die verbale Beurteilung? 46
   Abschließende Bemerkungen 47

5. Was denken Kinder über ihre Zeugnisse?
   von Gudula Ostrop, Corinna Schmude, Renate Valtin 49
   „Weißt du, was die Zahlen im Zeugnis bedeuten?".................... 49
   Wie sieht das Notenzeugnis eines „guten" und eines
   „nicht so guten" Schülers aus?.. 50
   Was steht in der Verbalbeurteilung eines „guten" und eines
   „nicht so guten" Schülers?... 50
   „Erinnerst du dich noch an dein Zeugnis?" 51
   Wie gut erinnern sich Kinder an ihre Verbalbeurteilung?...... 52
   Wie gut ist die Erinnerung der Kinder an ihr Notenzeugnis?.... 54
   „Wie gut hat dir dein Zeugnis gefallen?" 55
   „Wie gut war dein Zeugnis?" 56
   „Stimmt es bzw. ist es gerecht, was im Zeugnis steht? 57
   „Wie wichtig ist dir, was im Zeugnis steht? 57
   Welche Bezugsnorm verwenden die Lehrerinnen und Lehrer
   - aus der Sicht der Kinder? 58
   Werden Zeugnisse von den Kindern verglichen?................... 58
   Abschließende Bemerkungen 59

6. Welche Zeugnisarten wünschen sich Schülerinnen
   und Schüler für ihre Grundschulzeit?
   von Kerstin Darge, Gudula Ostrop, Renate Valtin 61
   Zeugniswünsche der Zweitklässler.. 61
   Zeugniswünsche der Sechstklässler....................................... 62
   Interessieren sich die Kinder für den Beurteilungstext im Zeugnis?.... 64
   Abschließende Bemerkungen 66

7. Eine Zwei ist eine Drei ist eine Vier.
   Oder: Sind Zensuren aus verschiedenen Klassen vergleichbar?
   von Oliver Thiel, Renate Valtin... 67
   Was sollen Noten aussagen?.. 67
   Zur Zensierungspraxis 68
   Sind Noten verschiedener Fächer vergleichbar?.................... 69
   Sind Noten derselben Fächer über verschiedene Schuljahre
   hinweg vergleichbar?... 70
   Werden Mädchen und Jungen vergleichbar zensiert? 71
   Sind Noten aus verschiedenen Schulklassen vergleichbar?.... 72
   Sind Noten innerhalb einer Klasse und eines Faches vergleichbar?.... 75
   Abschließende Bemerkungen 75

8. Wie werden Berichtszeugnisse realisiert?
   von Corinna Schmude.. 77
   Berichterstattung statt Ermutigung und Förderdiagnostik..... 78
   Wie sieht ein typisches Zeugnis aus? 79

Unterscheiden sich die Zeugnisse von Jungen und Mädchen? 83
Unterscheiden sich die Zeugnisse von guten und schwachen
Schülerinnen und Schülern? 85
Abschließende Bemerkungen 87

9. Was ist ein gutes Berichtszeugnis?
   von Corinna Schmude 89
   Zwei gute Gründe für gute Verbalbeurteilungen 89
   Differenzierte Rückmeldungen statt eindimensionaler,
   informationsarmer Berichte 93
   Darstellung des individuellen Lernprozesses statt
   resultatsorientierter Könnensberichte 96
   Ermutigung aller statt Lob der „Guten" 96
   Konstruktive Kritik und förderdiagnostische Hinweise statt
   Negativ-Bilanzen und Tadel 97
   Was ist nun eine gute verbale Beurteilung? 100

10. Sind Lehrerinnen, die verbal beurteilen, reformorientierter?
    Zu Unterrichtsorganisation und Rückmeldeverhalten
    von Matthea Wagener 101
    Wie gestalten Grundschullehrerinnen ihren Unterricht? 101
    Wie ist die Gestaltung des Unterrichts einzuschätzen? 104
    Welche Rückmeldungen bekommen Kinder im Unterricht? 105
    Leistungsrückmeldungen im kognitiven Bereich 107
    Rückmeldungen zum Arbeits- und Sozialverhalten 109
    Wie lässt sich die reformorientierte Lehrerin charakterisieren? 111
    Abschließende Bemerkungen 112

11. Wie wirken sich Notengebung und verbale Beurteilung
    auf die leistungsbezogene Persönlichkeitsentwicklung
    aus?
    von Renate Valtin, Christine Wagner 113
    Ergebnisse 115
    Lernfreude 116
    Fähigkeitsselbstbilder 118
    Angst und Leistungsangst 121
    Leistungsmotivation 125
    Erklärung von Erfolg und Misserfolg 128
    Schwierigkeit 134
    Schulleistungen 135
    Abschließende Bemerkungen 136

12. Grundschule und Leistungsbeurteilung -
    Anspruch und Wirklichkeit
    von Renate Valtin 139
    Die Sicht der Kinder: große Zufriedenheit mit der Schule
    und den Zeugnissen 139
    Die Sicht der Eltern: hohe Erwartungen an Schule und Zeugnis...... 141
    Die Lehrerinnen und Lehrer: Schwierigkeit mit der Umsetzung
    der Grundschul- und der Zeugnisreform 143
    Zur Problematik der Notengebung 144
    Zur Problematik (der Realisierung) der verbalen Beurteilungen...... 145

13. Informationen zum Projekt NOVARA
    von Renate Valtin 147
    Ziele, Untersuchungsinstrumente, Stichprobe............................ 147

Literatur.. 153

Autorinnen und Autor 159

1. Die Note als Giftpilz des Haus- und Schullebens?

von Renate Valtin

Die Schulnote ist der „Giftpilz des Haus- und Schullebens" und eine unerschöpfliche Quelle des Lügens. Zu diesem Ergebnis gelangte die Entwicklungspsychologin Hildegard Baumgarten 1917 (S. 82), als sie die Gründe der von ihr konstatierten hochgradigen Verlogenheit von Kindern erforschte. Dieses Ergebnis ist beunruhigend, weil es auf die dramatischen Wirkungen der Auslesefunktion von Schule auf das Verhalten von Kindern verweist; es ist jedoch auch beruhigend, weil Baumgarten feststellen konnte, dass die Kinder nicht von Natur aus verlogen und lasterhaft sind, sondern durch äußere Umstände zum Lügen verleitet werden [1].

Das moderne Bildungswesen spielt eine Schlüsselrolle bei der Ermöglichung des sozialen Aufstiegs durch eigene Lernanstrengungen. Schule als zentrale Verteilungsinstanz von Lebenschancen beeinflusst die Persönlichkeitsentwicklung der Kinder und den Prozess, in dem ein Schüler und eine Schülerin lernen müssen, wo ihr Platz in der Schulklasse bzw. in einer bestimmten Schulart ist. Aufgrund der Dreigliedrigkeit des deutschen Schulsystems und seiner - verglichen mit anderen Ländern - relativ geringen Durchlässigkeit wird vor allem die Grundschule zu einem Ort, an dem gute Zensuren und gute Zeugnisse eine große lebensgeschichtliche Bedeutung bekommen.

Zur Kritik an der Zensurengebung

Aus historischer Sicht sind sowohl Zensuren (Ziffernnoten) als auch Zeugnisse keine „ewigen" Bestandteile der Schule. Sie wurden auch nicht aufgrund einer primär pädagogischen Funktion in die Schule eingeführt, sondern aufgrund sozialer und organisatorischer Motive, insofern ihnen eine Auslese-, Berechtigungs- und Kontrollfunktion zugewiesen wurde (vgl. u.a. Dohse 1967). In der Bundesrepublik Deutschland gerieten seit Beginn der

---

[1] Fußnotenhaft sei angemerkt, dass in einer 75 Jahre späteren Vergleichsuntersuchung Kinder edlere Gründe für Lügen angeben konnten und sich insofern als „moralischere Lügner" erwiesen (Valtin 1991/Walper).

70-er Jahre Zensuren zunehmend unter Kritik, wobei die „Fragwürdigkeit der Zensurengebung" herausgestellt und vor allem drei Schwachpunkte hervorgehoben wurden (vgl. zusammenfassend Ingenkamp 1989, 1995):

- *Erstens* die ungenügende Messqualität. Zahlreiche empirische Untersuchungen belegten die mangelnde Objektivität, Zuverlässigkeit und Gültigkeit sowie die fehlende Vergleichbarkeit, weil das Lehrerurteil am klasseninternen Maßstab orientiert ist. Zu bemängeln ist ferner die geringe prognostische Bedeutung von Zensuren in Hinblick auf den erfolgreichen Besuch einer weiterführenden Schule, den Schulabschluss und den Berufserfolg.

- *Zweitens* die Nichterfüllung der pädagogischen Funktionen, wie zum Beispiel die der differenzierten Information und Leistungsrückmeldung. Die Zensur ist informationsarm: Sie sagt nichts über Stärken und Schwächen in bestimmten Teilbereichen aus, nichts über Lernstrategien, nichts darüber, ob sie als Durchschnitt aller Leistungen oder unter Abschätzung verschiedener Informationen zustande gekommen ist.

- *Drittens* die unerwünschten Nebenwirkungen. Es wird befürchtet, dass Noten zu Konkurrenzdenken führen und extrinsische Motivation fördern. Vor allem für leistungsschwache Schülerinnen und Schüler kann das andauernde Erleben schlechter Noten zu Misserfolgserlebnissen, Ängstlichkeit, mangelnder Leistungsmotivation und Selbstkonzeptproblemen führen (u.a. Fokken 1966). Längsschnittliche Untersuchungen dazu fehlen jedoch bislang, obwohl die Einführung der verbalen Beurteilung in den Grundschulen der alten Bundesrepublik Deutschland schon auf eine fast 30-jährige Geschichte zurückblicken kann.

Nach den „Empfehlungen zur Arbeit in der Grundschule", die 1970 von der Ständigen Konferenz der Kultusminister der Länder beschlossen wurden, ist in der 1. und 2. Klasse „jeweils am Ende des Schuljahres eine allgemeine Beurteilung des Kindes in freier Form im Zeugnis zu erteilen". Damals wurde von den Kultusministerien in fast allen Bundesländern der alten BRD die „Zensurenfreiheit" zumindest des ersten Schuljahres administrativ verordnet, allerdings ohne dass umfangreiche empirische Erprobungen vorausgegangen wären. Nach Ingenkamp (1995) war das ziffernlose Zeugnis zu diesem Zeitpunkt weder eine Forderung einer Reform von „unten", noch ging es auf wissenschaftliche Untersuchungen und entsprechend empirisch erhärtete Vorschläge zurück.

Intentionen der Einführung der verbalen Beurteilung

Eine Analyse der bildungspolitischen Verlautbarungen und der entsprechenden Schulgesetze zeigt, dass folgende Intentionen mit der Einführung der Berichtszeugnisse verbunden wurden: umfassende Beurteilung von

Leistungsstand, Arbeits- und Sozialverhalten, ermutigende Erziehung statt Leistungsdruck, Wegfall des Konkurrenzkampfes und Förderung der sozialen Kooperation, Ermöglichung individueller Förderung durch differenziertere Rückmeldung und Förderhinweise, Kennzeichnung der individuellen Lernverläufe sowie der Stärken und Schwächen, Verbesserung der Beziehungen zwischen Lehrerinnen und Eltern einerseits und Lehrerinnen und Schüler(inne)n andererseits.

Befürworter der verbalen Beurteilung heben ferner als wichtig hervor, dass bei dieser Beurteilungsform gezielte Beobachtungen durch die Lehrkräfte notwendig sind. Die Lehrerinnen müssen lehr-lerndiagnostisch vorgehen und sich Rechenschaft über ihren Unterricht ablegen (vgl. Ingenkamp 1989). Basierend auf einem pädagogischen Verständnis von Leistung soll eine weitere Funktion des Berichtszeugnisses darin bestehen, Grundlage für eine Beratung von Schülerinnen und Schülern und deren Eltern zu sein, indem Kindern und Eltern eine Rückmeldung über die Lernentwicklung der Kinder in einem bestimmten Zeitraum gegeben wird.

Der Verzicht auf Noten und die verbale Beurteilung bzw. das Berichtszeugnis werden von Anhängern der Reform der Grundschule als wesentliches Element eines reformierten Grundschulunterrichts angesehen (Bartnitzky 1999). Insofern ist das Problem der Zeugnisse nicht losgelöst zu betrachten vom Charakter des Unterrichts insgesamt. Unterrichtliches Handeln von Lehrerinnen, die das Kind als Subjekt des Lernens anerkennen, die die Entfaltung seiner Individualität durch differenzierte Lernangebote fördern und das Lernen des einzelnen in Gruppen mit anderen Kindern organisieren, erfordert das Erstellen von Entwicklungsberichten. Somit ordnen sich Überlegungen zu veränderten Zeugnissen in der Grundschule in Aktivitäten zur Reform der Grundschule insgesamt ein.

Nicht zufällig sind deshalb verbale Beurteilungen schon seit vielen Jahren Bestandteil alternativer Schulkonzepte wie z.B. der Odenwaldschule, der Waldorfschulen, der Glocksee-Schule und der Laborschule Bielefeld. Die Beurteilungspraxis gilt dort als bewährt, direkte empirische Absicherungen fehlen jedoch.

Zur Kritik an der verbalen Beurteilung

Neben Befürwortungen für verbale Beurteilungen gab und gibt es in der BRD auch zahlreiche kritische Stimmen (z.B. Ingenkamp 1989), wobei zu Recht darauf verwiesen wird, dass die Einführung verbaler Beurteilungen nicht automatisch die Mängel der Zensurengebung beseitigt. Die Kritiker verweisen u.a. auf folgende Schwachpunkte: Sowohl Noten als auch Verbalbeurteilungen beruhen auf subjektiven Urteilen. Allein der Wegfall der Noten garantiert keine bessere Messqualität. Bei unveränderter diagnostischer Praxis wird die Objektivität des Urteils nicht erhöht, und die Werte für die nachfolgenden Gütekriterien werden nicht verbessert. Auch Urteile in verbaler Form unterliegen denselben Mängeln der Messqualität wie die Ziffernnoten und verschärfen diese möglicherweise noch. Denn die Lehrerinnen werden ermutigt, sich nicht auf beobachtete Lernleistungen zu beschränken, sondern eine Art „Charaktergutachten" zu erstellen - mit der Gefahr von Etikettierungen, Verletzungen und Entmutigung der Schüler. Eine angemessene Schülerbeurteilung setzt förderdiagnostische Kompetenzen der Lehrkräfte voraus, über die sie aufgrund der Situation in der gegenwärtigen Lehrerausbildung in der Regel nicht verfügen. Die Gefahr, dass stereotype Äußerungen verwendet werden, ist groß, zumal das Schreiben der verbalen Beurteilungen viel Zeit erfordert; nach einer Untersuchung von Freese (1990) ca. 3 Stunden pro Kind.

Kurzer Überblick zum Forschungsstand

Zur Praxis und zur Bewährung der verbalen Beurteilungen in der Grundschule liegen verschiedene empirische Untersuchungen vor. Die meisten stammen aus der Anfangsphase der Zeugnisreform (u.a. Benner/Ramseger 1985, Schlottke/Speidel 1981, Weiß 1986, Schmidt 1980), nur wenige sind neueren Datums (Ulbricht 1993, Beutel u.a. 2000). Erforscht wurden die Akzeptanz der verbalen Beurteilungen bei Lehrerinnen und Eltern (kaum bei Schülerinnen und Schülern), Form und Gestaltung der verbalen Beurteilungen sowie die Schwierigkeiten der Lehrerinnen mit der neuen Zeugnisart.

Die Forscher gelangen zum größten Teil zu eher negativen Aussagen bezüglich des Gelingens der Zeugnisreform. Ein Grund ist in der nicht durchgängig anzutreffenden *Akzeptanz der Verbalbeurteilung* zu sehen. Laut einer Untersuchung von W. W. Weiß (1986) hielten damals noch 71% der Schülerinnen und Schüler, 77% der Eltern und 79% der Lehrerinnen und Lehrer die Zensurengebung grundsätzlich für notwendig. Mehrere Untersuchungen belegen, dass die Zustimmung von Eltern zum verbalen Zeugnis mit dem Herannahen des Übergangs zur Oberschule abnimmt. Während z.B. in Hamburg noch 50% der Eltern in der Klassenstufe 3 den Berichtszeugnissen zustimmen, sind es in der Klasse 4 nur noch 25% (K. Wallrabenstein 1992). In der Untersuchung von Beutel u.a. (2000) stimmten fast ein Drittel der befragen Eltern der Aussage zu: „In der Grundschule sollte es nur Berichtszeugnisse geben".

Selbst unter den unmittelbar Betroffenen, den Kindern, gibt es eine Mehrheit, die auf Noten nicht verzichten möchte. In einer Studie von Kirschner (1992) sprachen sich fast alle der 47 befragten Kinder der 2. bis 4. Klasse für Zeugnisse aus, und 32 votierten für Notenzeugnisse. Noten hatten für diese Kinder primär einen Tauschwert für materielle und emotionale Zuwendung, d.h. die Kinder waren nicht an Noten an und für sich interessiert, sondern nur an guten Noten. In der Hamburger Untersuchung von Beutel u.a. (2000) stimmten nur 12% der Schülerinnen und Schüler (und der Eltern) der Aussage zu: „Ich bin für eine Schule ohne Noten".

Ein zweiter Grund für die eher negative Einschätzung des Gelingens der Zeugnisreform ist darin zu sehen, dass die *Realisierung der Berichtszeugnisse* offenbar nicht den an sie gerichteten Erwartungen entspricht. Die Inhaltsanalysen der Verbalzeugnisse zeigen, dass Lehrkräfte Schwierigkeiten mit der individuellen Beurteilung und der angemessenen Formulierung von Lerndefiziten hatten. Eigenschaftszuschreibungen dominierten im Vergleich zu Lernprozessbeschreibungen. Obwohl sich seit der Anfangsphase einiges zum Positiven verändert haben dürfte (z.B. Abnahme der Verwendung formelhafter Wendungen; gestiegene Akzeptanz der verbalen Beurteilungen), warnen auch die Ergebnisse einer Untersuchung von Haußer (1991) vor Euphorie bezüglich einer gelungenen Zeugnisreform: In ca. der Hälfte der verbalen Beurteilungen fehlten die Darstellung der Persönlichkeitsentwicklung der Kinder sowie Aussagen zu Förderkonsequenzen auf der Grundlage einer Diagnose. Auch die mangelnde Verständlichkeit von verbalen Beurteilungen wird weiterhin moniert (vgl. Schaub 1993). Ulbricht (1993) gelangte zu dem Ergebnis, dass die Zeugnisse weder den Intentionen der Reform noch den Elternwünschen entsprachen, da die individuelle Bezugsnorm und die individuelle Förderung sich ausdrücklich nur in wenigen Berichtszeugnissen fanden, Aussagen zum Leistungsstand überwogen und die von den Eltern erwarteten Angaben zum Sozial- und Arbeitsverhalten des Kindes unsystematisch und stark lehrerabhängig waren.

Ob sich der Verzicht auf Notengebung tatsächlich günstig auf die *Lern- und Persönlichkeitsentwicklung* der Schülerinnen und Schüler auswirkt, ist bislang kaum erforscht. In der Hamburger Studie von Beutel u.a. (2000) wurden die Schülerinnen und Schüler der Sekundarstufe zum Thema *Angst* befragt. Der ersten Aussage „Wenn es keine Zensuren gibt, habe ich weniger Angst vor Klassenarbeiten", stimmten immerhin ein Viertel der Kinder zu, die Hälfte jedoch verneinte sie. Die zweite Aussage „Ich finde Noten in der Schule schlecht, weil sie mir Angst machen" fand noch weniger Zustimmung (11%) und noch stärkere Ablehnung (über 70%). Die Autoren gingen auch der Frage nach, wie sich Schülerinnen und Schüler mit schlechten Zensuren zu diesen Aussagen verhielten, und kamen zu dem Ergebnis, dass insgesamt von den Schülerinnen und Schüler kaum ein Zusammenhang von Angst und Noten eingestanden wird. Eine direkte Messung Schulangst erfolgte jedoch nicht, und es liegen auch keine derartigen Untersuchungen im Zusammenhang mit verbaler Beurteilung vor.

Zahlreiche Untersuchungen liegen inzwischen zu den *Selbstkonzepten* vor. Die Selbsteinschätzung eigener Kompetenzen und Fähigkeiten ist bei jüngeren Kindern im Vorschulalter und den ersten Grundschulklassen extrem hoch und sinkt erst allmählich ab, und zwar besonders bei leistungsschwächern Schülerinnen und Schüler - in Entsprechung zu ihrer relativen Leistungsposition in der Klasse und ihren Noten (Helmke 1998). Ob sich die verbalen Beurteilungen anders auswirken, dazu gibt es bislang nur eine Studie (Lehmann/Peek/Gänsfuß 1997). Hamburger Schülerinnen und Schüler aus Klassen, die am Ende des 4. Schuljahrs noch Berichtszeugnisse erhielten, unterschieden sich in ihren lernbezogenen Selbstbildern und auch ihrem Wohlbefinden nicht von Schülerinnen und Schülern, die schon früher Notenzeugnisse erhalten hatten.

In der Forschung zur *Leistungsmotivation* wurde ein Zusammenhang von Motivationsmaßen und Noten festgestellt. Schlechte Noten, so wird vermutet, können auf Dauer eine Misserfolgsorientierung verursachen.

Einige Forscher vermuten, dass die *Bezugsnormorientierung* der Lehrerin Auswirkungen auf die leistungsbezogene Persönlichkeitsentwicklung der Schülerinnen und Schüler hat. Im Grundschulbereich wurde diese Frage bislang nicht untersucht. Einige Untersuchungen im Sekundarbereich zu unterschiedlicher Bezugsnormorientierung von Lehrerinnen lassen allerdings Zweifel aufkommen an der These, dass die individuelle und später die sachliche Bezugsnorm den Konkurrenz- und Leistungsdruck mindert, sachorientiert motiviert und ermutigend wirkt (vgl. Ingenkamp 1989; Lißmann 1984).

Ferner wird ein Zusammenhang zwischen Noten und Erklärungsmustern für Erfolg und Misserfolg (*Kausalattributionen*) vermutet. Die Untersuchung von Faust-Siehl/Schweitzer (1992) erbrachte sowohl für die 2. als auch für die 4. Klasse, dass Kinder Lernerfolge primär auf Anstrengung - und nicht auf den Einsatz der entsprechenden Fähigkeiten - zurückführen. Zumindest für lernschwache Schülerinnen und Schüler muss ein derartiges Erklärungsmuster fatale Auswirkungen haben, weil sie nicht über differenzierte Verarbeitungsmöglichkeiten verfügen, um einen Misserfolg konstruktiv oder selbstwertdienlich zu deuten. Faust-Siehl/Schweitzer folgern daraus, dass die Grundschülerinnen und -schüler in den ersten Klassen mit der Erteilung von Ziffernnoten überfordert sind, da sie noch nicht über angemessene Verarbeitungsstrategien von Erfolg, aber vor allem von Misserfolg, verfügen. Sie plädieren deshalb für einen Verzicht auf Ziffernnoten während der ersten vier Schuljahre.

Die Ergebnisse der angeführten empirischen Untersuchungen und Ingenkamps (1995) Auseinandersetzung mit den Verbalbeurteilungen verweisen auf Leerstellen in der Forschung. Diese betreffen vor allem die Auswirkung der verbalen Beurteilung auf schulbezogene Persönlichkeitsmerkmale im Grundschulalter, aber auch die Wünsche, Erwartungen und Reaktionen von Kindern in Bezug auf Zeugnisse und Formen der Leistungsbeurteilung. Das Projekt NOVARA hat sich zum Ziel gesetzt, möglichst umfassend und alle Beteiligten einbeziehend wichtige Fragen zu klären, die mit der Einführung und Realisierung der verbalen Beurteilung zusammenhängen. Informationen zu diesem Projekt finden sich im Anhang.

2. Wofür braucht man ein Zeugnis?

Zur Funktion von Zeugnissen aus der Sicht von Experten und Betroffenen

von Renate Valtin und Corinna Schmude

Die Sicht von Experten

In der pädagogisch-psychologischen Literatur gibt es verschiedene Kataloge zur Einteilung der Funktionen von Zensur und Zeugnis. Eine gründliche Auseinandersetzung mit dieser Problematik haben Tillmann/Vollstädt (1999) vorgelegt. Deshalb sollen sie hier als unsere Experten zitiert werden.

Die Autoren machen zunächst auf eine mögliche Zweiteilung des Begriffs Funktion der Leistungsbewertung aufmerksam: er hat eine *soziologische* und eine *pädagogische* Bedeutung. Als soziologischer Begriff fasst er die Erwartungen, die von anderen gesellschaftlichen Bereichen an die Schule gerichtet sind und traditionell als Aufgaben der Schule bezeichnet werden: Qualifizierung, Auslese und Integration/Sozialisation. Die Leistungsbewertung soll mithelfen, diese Aufgaben zu erfüllen. Dabei geht es in erster Linie um die Auslesefunktion, z.B. bei Versetzungsentscheidungen oder Zuweisungen zu verschiedenen Schularten und Bildungsabschlüssen. Schulische Leistungen dienen hier als Qualifikationsnachweis.

Bei der pädagogischen Funktion der Leistungsbewertung geht es um die Optimierung von schulischen Lernprozessen, wobei mehrere Gesichtspunkte zu nennen sind. Das Zeugnis soll zunächst den Schülerinnen und Schülern eine Rückmeldung über Verlauf und Verbesserungsmöglichkeiten ihres Lernprozesses geben. Als weitere pädagogische Funktionen unterscheiden Tillmann/Vollstädt (1999, S. 17):

- „die Eigenkontrolle der Schülerinnen und Schüler,
- die Motivations- und Anreizfunktion,
- die Disziplinierungsfunktion ('Zuchtmittel') sowie
- die Sozialisationsfunktion (Internalisierung des Leistungsprinzips)."

Die bisher genannten pädagogischen Funktionen waren auf Schülerinnen und Schüler bezogen. Für die Eltern haben Zeugnisse eine Berichtsfunktion, die sie über die Leistungen ihrer Kinder, aber auch über Ausleseentscheidungen der Schule informieren soll. Soweit die Experten. Was aber meinen die Betroffenen, die Kinder selbst?

Die Sicht von Kindern der 2. Klasse

Da es bisher keine Studien zu der Frage gibt, welche Funktion Kinder einem Zeugnis zuschreiben, wurde in einem Interview zu Beginn der zweiten Klasse etwa 440 Kindern die Frage gestellt: Wozu braucht man ein Zeugnis? Fast alle Kinder wussten darauf eine Antwort. Weit über die Hälfte von ihnen bezogen sich auf den Adressaten des Zeugnisses, wobei die Mehrheit von ihnen der Meinung war, ein Zeugnis sei für das Kind bestimmt. Ein Drittel nannte die Eltern und nur ganz wenige den potenziellen Arbeitgeber (z.B. Kapitän oder Bäcker), der sich dann seine Leute aussuchen könne: „Weil man einen Boss hat, und dann guckt er, ob man gut ist, und dann kann man dort arbeiten."

Etwa zwei Drittel der Kinder äußerten sich dazu, zu welchem Zweck ihnen oder einem anderen Adressaten ein Zeugnis übergeben wird. An erster Stelle wurde von einer deutlichen Mehrheit (74%) geäußert, dass das Zeugnis der Bewertung oder Beurteilung diene. Die typischen Antworten lauten hier schon fast stereotyp: „Damit man weiß, ob man gut ist" bzw. „ob man gut oder schlecht ist". Aus diesen Antworten wird vielerlei deutlich:

- Die Tatsache, dass nur wenige Kinder präzisierten, worauf sich das „Gut" oder „Schlecht" bezieht, verdeutlicht, welche Schwierigkeiten sie auf dieser Altersstufe haben, zwischen Person und Leistung zu differenzieren. Nur ein Kind erklärte: „Damit man weiß, wie gute Leistungen man hat."

- Viele Kinder waren der Meinung, ohne Zeugnis als wichtige Informationsquelle wüssten sie gar nicht, ob sie in der Schule gut oder schlecht seien: „Damit man weiß, ob man fleißig war" - „Und damit man weiß, ob man faul war oder so." - „Weil man das nicht wissen kann, wie gut man ist und wie gut man nicht ist." - „Ohne Zeugnis kann man nicht wissen." Offenbar fühlen sie sich im Unterricht selbst nicht richtig informiert: „Dass man weiß, wie man in der Schule ist. Die Lehrerin sagt es ja nicht so."

Erst durch das Zeugnis, so meinen Kinder, werde ihnen diese Information und diese Bestätigung geliefert: „Na, wenn man nicht gut ist, das weiß man manchmal nicht so genau, und dann steht das im Zeugnis drin. Und dann kann man sich das öfter genau vorlesen." Das Zeugnis ist dann auch eine Belohnung und Anerkennung: „Also, wenn man nicht weiß, wie gut es ist, dann hat man ja eigentlich auch gar nichts davon."

Ferner hat man mit dem Zeugnis eine Erinnerung an seine schulischen Leistungen: „Wenn man erwachsen ist, dass man noch weiß, ob man gut war in der Schule. Dann kann man es auch seinen Kindern zeigen. Wenn man welche kriegt."

Offenbar haben Kinder auf dieser Altersstufe, im jüngeren Grundschulalter, Schwierigkeiten, ihre Leistungen angemessen einzuschätzen und sind deshalb abhängig von äußerer Bestätigung und Rückmeldung. Ohne diese Zeugnisinformation, argumentierte ein Kind, würde man sich auch nicht verbessern: „Und wenn sie zum Beispiel nicht so gut beim Schreiben waren und wir würden jetzt kein Zeugnis bekommen und Eltern und Kinder wissen das nicht, dass sie so schlecht waren und dass sie noch ein bisschen üben müssten, da würde ich ja meine schlechte Schrift behalten."

Bedenklich stimmt, dass die Kinder dieses Alters nur in zwei Beurteilungs-Kategorien denken: gut oder nicht gut, gut oder schlecht, - als ob es für sie nur die beiden sich ausschließenden Kategorien Erfolg und Versagen gebe und als ob sie die Legitimationsfunktion des Zeugnisses voll verinnerlicht hätten, wie aus der Erklärung eines Zweitklässlers hervorgeht: „ein Zeugnis unterscheidet die Schwächeren und die Guten".

In der Meinung einiger Kinder soll das Zeugnis ferner Hilfestellungen und Förderhinweise geben: „Dann kann man den Kindern zeigen, dass sie sich verbessern sollen." Einige Kinder vertraten auch die Meinung, das Zeugnis solle den Eltern Auskunft über das Verhalten der Kinder geben, wobei vor allem negative Verhaltensweisen angesprochen wurden: „Dass die Eltern wissen, was die Kinder angestellt haben." - „ob sie Faxen gemacht haben", - „ob sie was ausgefressen haben".

Nur selten fassen Kinder dieses Alters die Bedeutung des Zeugnisses für die weitere Schul- und Bildungslaufbahn ins Auge: „Damit die einschätzen können, wie gut ich bin, in welche Schule ich gehen kann - ins Gymnasium zum Beispiel." - „Dass man weiß, wie man war, und ob man studieren kann." - „Man muss ja wissen, ob man gut ist, und ob man sich noch mehr anstrengen soll, damit man einen guten Beruf kriegt." Interessant waren auch die Antworten in Bezug darauf, was Kinder als attraktive Berufe ins Auge fassten: „Wenn man dann später arbeiten will, dann muss man ja gute Zensuren haben. Und dann kann man Polizist oder so werden oder Autorennen." - „Und ich find' schön, wenn man Einsen hat und schöne Zeugnisse, dann kann man ja irgendwas Tolles werden, wie ein Arzt."

Einige wenige Kinder nannten das Zeugnis als Bericht, als Anerkennung der geleisteten Arbeit bzw. Dokumentation des im Schuljahr Gemachten: „Ich denke mal so als Andenken. Als Andenken an die erste Klasse."

Über den Adressaten und die Intention der Vergabe des Dokumentes lässt sich nun die Funktion von Zeugnissen aus der Sicht von Kindern beschreiben. Dabei berücksichtigten wir drei Funktionsklassen, die auch von Experten unterschieden werden:

– die pädagogische Funktion der Rückmeldung, wobei die Schülerinnen und Schüler über ihren Leistungsstand zu informieren und sie zu weiteren - möglichst besseren - Leistungen zu motivieren sind.

– die Berichtsfunktion, wobei die Information dritter, nicht am Lernprozess Beteiligter im Vordergrund steht. Das Zeugnis soll den Eltern, aber auch der Schulleitung über den Leistungsstand des jeweiligen Kindes sowie über die Effektivität des Unterrichts und den Unterrichtserfolg berichten.

– die Berechtigungsfunktion, wobei das Zeugnis der Auslese sowie der Zuweisung von Bildungs- und Berufschancen dient.

Vorangestellt sei, dass nur drei der insgesamt 434 Kinder explizit äußerten, dass das Zeugnis keine Funktion habe (Beispiel: „Also, ich bräuchte, glaube ich, kein Zeugnis, weil das wird im Unterricht doch schon klar gestellt, wer was üben muss.").

Mit fast zwei Drittel der Nennungen stand die pädagogische Funktion der Rückmeldung an erster Stelle der kindlichen Funktionsbeschreibungen. Die Kinder nahmen das Zeugnis als eine an sie gerichtete Information über Erreichtes sowie als eine sich daraus ableitende Orientierung für die Zukunft wahr: „Damit man weiß, was man nicht gut gemacht hat, dass man es besser machen kann oder dass man was richtig gemacht hat, dass man das so weitermachen kann."

Dabei schienen einige der Zweitklässler eine sehr persönliche Rückmeldung ihrer Lehrerin zu erwarten: „Damit man weiß, wie man war - ob gut -

oder wie die Lehrerin das empfindet." und „Damit man weiß, wie man im Schuljahr war, wie die Lehrerin das einschätzt."

In 30% der Antworten wurde die Berichtsfunktion angesprochen: „Damit die Eltern wissen, was sie (die Kinder) für Zensuren bekommen haben." Von einigen Kindern werden darüber hinaus auch noch weitere berichtenswerte Bereiche angesprochen: „Dass die Eltern wissen, wie man sich so benimmt in der Schule" und „Damit die Eltern wissen, was die Kinder im ganzen Schuljahr so gemacht haben."

Die Berechtigungsfunktion thematisierten nur 3% der Kinder. Aber wenn dieser Aspekt angesprochen wurde, dann mit einer für einen Zweitklässler überraschenden Tragweite, wie eine der beispielhaft ausgewählten Antworten verdeutlicht: „Das zeigt man dann, wenn man eine Arbeit sucht, und einem wird eine angeboten, dann zeigt man das dem Arbeitgeber. Und dann kann er entscheiden, ob er den nimmt oder nicht nimmt - am Zeugnis."

In ihren Antworten unterschieden sich die Kinder, die weiterhin verbal beurteilt wurden, nicht von denjenigen, in deren Klassen bereits zur Notengebung übergegangen wurde. Wir konnten auch keine Zusammenhänge feststellen zur Leistungsangst, zur Misserfolgsorientierung oder zur Lernfreude. Es zeigte sich jedoch, dass es vor allem Kinder aus der nach Lehrerurteil leistungsstärksten Gruppe waren, welche die Meinung vertraten, das Zeugnis solle Hinweise zur Verbesserung des Verhaltens oder des Leistungsstandes enthalten, also beratenden, unterstützenden Charakter haben. Dagegen wurde die Auslesefunktion des Zeugnisses, wenn überhaupt, eher von den als leistungsschwach eingestuften Kindern angesprochen.

Die Sicht der Eltern

In einer Befragung konnten wir von 427 Eltern Auskunft zu unserer Frage: Warum braucht man ein Zeugnis? erhalten. Obwohl es sich um eine offene Frage handelte, haben sich erstaunlich viele Eltern dazu recht ausführlich schriftlich geäußert.

Auch aus der Sicht der Eltern diente das Zeugnis in erster Linie der Bewertung oder Beurteilung. Die meisten Eltern äußerten dabei ein sehr großes Informationsbedürfnis. Sie wünschten sich nicht nur genaue Informationen über Leistungsstand und Verhalten des Kindes, sondern auch pädagogische Hilfestellungen und Orientierungen: „Um den Bildungsstand und die persönliche Entwicklung des Kindes zu erkennen und gegebenenfalls zu fördern. Man kann als Elternteil mehr auf das Kind eingehen und behilflich sein. Da die Eltern die Schulzeit der Kinder nur über die Hefte und Arbeiten beurteilen können, ist eine Einschätzung über das Verhalten und Auftreten des Kindes besonders wichtig".

Ein Vater hob die Vorzüge des geschriebenen Zeugnisses gegenüber einem Gespräch hervor: „um über Arbeitsverhalten, Leistungen und Entwicklung einen Statusbericht zu haben; um sich in Ruhe, nicht nur bei einem persönlichen Gespräch, noch Gedanken darüber zu machen."

In diesem Sinne sahen Eltern das Zeugnis vorwiegend als Instrument der Hilfestellung und Beratung: „Ein Zeugnis fasst die Lernergebnisse und Lernfortschritte eines Kindes zusammen. Es dient zur Orientierung und Einschätzung der Fähigkeiten und Fertigkeiten und sollte Möglichkeiten zur speziellen Förderung jedes Kindes aufzeigen." Auch die Bedeutung des Zeugnisses für die spätere berufliche Laufbahn des Kindes wurde hervorgehoben: „Man kann anhand der Fächer feststellen, für welchen Beruf man geeignet ist."

Alle die von unseren Experten Tillmann/Vollstädt unterschiedenen pädagogischen und gesellschaftlichen Funktionen der Leistungsbewertung wurden auch von den von uns befragten Eltern angesprochen.

Auf die Funktion der Eigenkontrolle verwiesen zwei Mütter: „Auch für das Kind ist diese Einschätzung wichtig, um sich selbst einschätzen zu können und seine Entwicklung zum Teil selbst beeinflussen zu können." - „Das Zeugnis ist für das Kind die Bestätigung seiner eigenen Leistung und schafft Selbstvertrauen; Hinweise auf Stärken und Schwächen zu bekommen, um sich neu eigene Ziele zu setzen."

Die Funktion der Motivation und des Ansporns wurde ebenfalls von einigen Eltern betont: „Ein Zeugnis motiviert Kinder, Leistungen zu erreichen, sich mit anderen zu vergleichen, Erreichtes zu verbessern." Nur eine Person äußerte die Überzeugung, dass ohne Druck die Kinder nicht lernen würden: „Ohne Zensuren würde die Motivation für bessere Leistungen fehlen. Wer lernt schon freiwillig?"

Das Zeugnis in seiner Disziplinierungsfunktion wurde vor allem unter dem Aspekt gesehen, dass man lernen müsse, mit Kritik umzugehen und Fehlschläge einzustecken: „um Kritik ertragen zu lernen und dann selbstkritisch mit der Bewertung anderer umzugehen" - „Über seine Leistung sollte man Bescheid wissen, um seine Schwächen und Stärken festzustellen. Man muss lernen, auch mal mit Fehlschlägen zu leben".

Einige Eltern betonten auch die Sozialisationsfunktion des Zeugnisses, das der Internalisierung des Leistungsprinzips dienen soll: „Das Kind muss, auch wenn es noch so schwer fällt, mit teilweise schlechten Noten und Kritik im Kindesalter versuchen umzugehen. Denn das erwartet es im weiteren Leben ständig - im Beruf, privat, im Alltag - es geht sonst unter. Ich als Elternteil will ihm deshalb noch als Kind helfen, auch mit Rückschlägen klarzukommen." - „Ich denke, das Wichtigste ist, dass mit einem Zeugnis die Schüler allmählich auf den Leistungsdruck der Erwachsenen vorbereitet werden, um später in dieser 'Ellenbogengesellschaft' bestehen zu können."

Allerdings gingen einige Eltern auch kritisch mit der Leistungsorientierung unserer Gesellschaft ins Gericht: „Außer vielleicht in der Grundschule gibt es in der Gesellschaft generell nur Einschätzungen nach erbrachter Leistung. Solange das Leistungsvermögen überall als Hauptkriterium der Einschätzung eines Menschen gilt, muss man die Kinder wohl oder übel an diesen Maßstab gewöhnen. Menschliche Qualitäten spielen in der Praxis leider eine untergeordnete Rolle."

Auf die Auslesefunktion des Zeugnisses bezogen sich ebenfalls viele Eltern, wobei ein Vater auch auf die Legitimation durch Zensuren und Zeugnisse hinwies: „Schule ist auch bereits im Grundschulbereich nicht nur Vorbereitung für das Leben in der Gesellschaft und Institution zur Vermittlung von Wissen, sondern - leider - auch Instrument der Auslese. In den letzten Klassen der Grundschule werden die Aussagen für die jeweiligen weiterführenden Oberschulen getroffen. Ohne Zeugnis und Zensuren wären diese Aussagen nicht nachvollziehbar, der Willkür wäre Tür und Tor geöffnet."

Ganz selten findet sich Kritik am Druck der Noten in der Schule. „Zeugnisse sind momentan das einzige Dokument, um uns Eltern über den Entwicklungsstand unserer Kinder zu informieren. Sollte es je eine andere Möglichkeit geben, wäre ich froh, denn nicht nur die Kinder, auch wir werden durch die Noten unter Druck gesetzt - leistungsorientierte Gesellschaft."

Insgesamt maßen die Eltern den Zeugnissen eine große Bedeutung für sich selbst, aber auch für das Kind zu, wie aus einem weiteren Elternkommentar ersichtlich war: „Das Kind möchte durch das Zeugnis erfahren, ob es von der Lehrerin geachtet wird, toleriert wird, so wie es ist. Das Zeugnis hilft dem Kind Selbstvertrauen zu erlangen und das Wissen über sich, wie gut oder schlecht bin ich in meinen Leistungen, wo muss ich fleißiger sein. In der ersten Klasse lernte mein Kind sehr für ihre Lehrerin, die sie abgöttisch liebte. Erst in der zweiten Klasse wusste sie mit der Einschätzung der Lehrerin objektiv umzugehen."

Die vielen komplexen Antworten verdeutlichen, dass Eltern sich zum Teil in sehr überlegter und differenzierter Form mit den verschiedenen Funktionen der Leistungsbeurteilung und Zeugnisse auseinandersetzen. Eltern verbinden mit dem Zeugnis Erwartungen und Vorstellungen, die man sicherlich als höchst anspruchsvoll ansehen kann, nicht nur was die förderdiagnostischen Hinweise und Informationen zum Lernprozess und zur Lernentwicklung betreffen, sondern auch was die Hoffnungen auf die quasi erzieherische Funktionen des Zeugnisses anbelangt, z.B. zur Steuerung der eigenen Entwicklung: das Zeugnis als „Anlass über sich nachzudenken. Lob wie Kritik sollten ein Schritt zur persönlichen Weiterentwicklung des Menschen sein."

Auf dem Hintergrund dieser Wünsche und Vorstellungen vom Zeugnis wurde auch auf die große Verantwortung der Lehrkräfte verwiesen: „Die Lehrer haben eine große Verantwortung - ein Zeugnis ermutigt die Lehrer, ihre Verantwortung ernst zu nehmen; es ist ein sehr nützliches Mitteilungsmittel zwischen diesen Personen, die auf die Entwicklung des Kindes einen riesigen Einfluss haben."

Nur ganz selten stellten Eltern den Wert von Zeugnissen völlig in Frage, zumal diese in unserer Gesellschaft als Berechtigungsgrundlage für Schul-, Bildungslaufbahnen und Berufszugänge dienen. Eine dieser kritischen Stimmen lautete: „Aus dieser Gesellschaft mit eben dieser Form von Schule sind Zeugnisse nicht wegzudenken, und dann eben sollten sie so 'sanft' und so genau erläuternd, beschreibend, Prozesse berücksichtigend wie möglich sein. Sie dienen nur der Fremdeinschätzung. Das Kind wird 'einsortiert', auch mit der verbalen Beurteilung. In einer Schule, die tatsächlich auf das 'Begreifen' und die 'Erfahrung' Wert legt und dies fördert, sind Zeugnisse überflüssig. Sie werden jedoch offensichtlich hier und jetzt für Schulabschlüsse, Universitätszulassungen, Lehrstellen, Berufsbewerbungen weiter gefordert. Ob sie tatsächlich benötigt werden, ist eine ganz andere Frage."

Die Sicht der Lehrerinnen und Lehrer

Aus den beteiligten Schulen waren 81 Lehrkräfte bereit, einen Lehrerfragebogen auszufüllen. Ihre Antworten auf die Frage, wozu man ein Zeugnis brauche, sind im Vergleich mit denen der Eltern knapp ausgefallen. Am häufigsten wurde die Rückmeldefunktion angesprochen: „Zeugnisse dokumentieren erbrachte Leistungen" - „Leistungseinschätzung für Schüler und

Eltern". Über die reine Information hinaus sollen Zeugnisse aber auch als Bestätigung und Anerkennung dienen: „Zeugnis als Resultat der Arbeit der Kinder"; - „als Abrechnung der erbrachten Leistung, zur Selbstbestätigung, zur Weiterentwicklung; Wertschätzung der geleisteten Arbeit". Ferner wurde die Funktion der Hilfestellung und Beratung angesprochen: „Auch Hinweise für weitere Entwicklung sind wichtig" - „Kinder und auch Eltern benötigen nach einer gewissen Zeit auch Resonanz über Lernerfolge, Hilfen beim Erkennen von Ursachen für eventuell auftretende Probleme". Auch die Bedeutung von Zeugnissen für die spätere schulische oder berufliche Laufbahn wurde angesprochen: „für Bewerbungen für die Wirtschaft - damit die sozialen Schichten, die Hierarchie klar und deutlich erhalten bleibt", wobei aus der letzten Antwort nicht erkennbar ist, ob es sich um eine gesellschaftskritische Aussage handeln soll.

Abschließende Bemerkungen

Zusammenfassend lässt sich feststellen, dass sich in unserer Studie fast alle befragten Beteiligten, Kinder, Eltern und Lehrkräfte, darin einig sind, dass man Zeugnisse unbedingt braucht. Am wichtigsten sind Eltern und Lehrkräften die Berichtsfunktion des Zeugnisses mit einer Information über den Leistungsstand sowie das Verhalten des Kindes. Sie wünschen sich aber, wie die Befragung nach dem Wunschadressaten deutlich machte, dass das Zeugnis eher an die Kinder als an die Eltern gerichtet sein sollte. 80% der Eltern und 86% der Lehrkräfte antworteten nämlich auf die Frage: An wen sollte ihrer Meinung nach das Zeugnis gerichtet sein? - „an das Kind". In vielen Bundesländern ist es aber nicht gestattet, das Zeugnis direkt an die Kinder zu richten. So müssen z.B. in Berlin die verbalen Beurteilungen in der dritten Person abgefasst werden.

Wie aus den Antworten ersichtlich, kann man dem Zeugnis sicherlich bescheinigen, dass die unmittelbaren Adressaten, vor allem die Eltern, es mit Ansprüchen und Erwartungen überfrachten, so dass mögliche Enttäuschungen schon programmiert sind. Tatsächlich zeigen die in Kapitel 4 beschriebenen Ergebnisse der Elternbefragung, dass zumindest das erste Berichtszeugnis, welches das Kind erhalten hat, den elterlichen Vorstellungen nicht gerecht wird.

Zeugnisse können, bedingt durch ihre Akzeptanz bei Kindern und Eltern, ein wichtiges und hilfreiches Instrument in der Hand der Lehrerin oder des Lehrers sein. Es wäre schön, wenn es gelänge, die pädagogischen Intentionen so umzusetzen, dass das Zeugnis in den Augen der Kinder etwas ganz Besonderes, etwas Schönes bliebe, so wie es aus dem Zitat eines Kindes anklingt: „Falls ich jetzt ganz erwachsen werde und ich habe eine Arbeit und ich sehe auf einmal das Zeugnis, obwohl ich was anderes suche, dann nimmt man es sich irgendwie richtig vor, setzt sich ins Bett, und dann würde ich mich, irgendwie könnte ich mich an die Vergangenheit erinnern, wie ich so schön schreiben konnte und lesen, und irgendwie dann wird man langsam wieder so ein bisschen jung, wenn man das so liest."

3. Welche Einstellungen und Erwartungen haben Eltern in Bezug auf die Grundschule?

von Heidrun Rosenfeld und Renate Valtin

Wer sich für die Einstellungen von Eltern zur Leistungsbeurteilung und zu Zeugnissen interessiert, sollte diese Frage sinnvoller Weise nicht isoliert betrachten, sondern im Gesamtzusammenhang von Einstellungen, Wertorientierungen und Erfahrungen der Eltern in Bezug auf Schule, Erziehung und Bildung. Bei der Verwirklichung des Bildungs- und Erziehungsauftrags der Schule ist die Zusammenarbeit zwischen Elternhaus und Schule unverzichtbar. Dass die Eltern als Partner der Schule ernst genommen werden sollen, wird seit langem gefordert. Allerdings gibt es bislang nur wenige empirische Untersuchungen dazu, welche Einstellungen und Wünsche Eltern speziell in Bezug auf die Grundschule haben. Zu diesen gehören die Befragungen des Instituts für Schulentwicklungsforschung (IFS), die seit 1979 regelmäßig im Abstand von 2 Jahren die Meinung von Eltern sowie der Gesamtbevölkerung zu Fragen des Bildungswesens erfassen und seit 1991 auch die neuen Bundesländer in diese Befragungen einbeziehen (Rolff u.a. 1994, 1996, 1998; Weishaupt/Zedler 1994). Die IFS-Ergebnisse in Ost und West deuten gleichermaßen darauf hin, dass die Schule zunehmend unter Erwartungs- und Leistungsdruck gerät: So werden die Leistungsanforderungen, die heute in der Schule an die Schülerinnen und Schüler gestellt werden, in den letzten Jahren für niedriger eingeschätzt. Die Ansprüche an die Schule in Bezug auf die Erfüllung der Qualifikations- und Erziehungsaufgaben steigen, während die Zufriedenheit mit der Schule einen Abwärtstrend aufweist. Zwar erreichen Grundschule und Gymnasium nach wie vor eine gute Benotung, doch auch hier nahmen die Zahlen derjenigen, die der Grundschule die Note 1 und 2 geben würden, kontinuierlich ab (von fast 70% 1991 bis auf ca. 55% im Jahre 1997), und gleichzeitig hat sich die Zahl derer, welche die Noten 5 und 6 vergeben würden, verdoppelt (von ca. 7% im Jahr 1991 auf ca. 15% im Jahr 1997).

Allerdings zeichnen sich auch entscheidende Unterschiede zwischen den alten und den neuen Bundesländern ab. Für die alten Bundesländer belegen die IFS-Studien einen zunehmenden Trend zur Entsolidarisierung, so fand z.B. eine verstärkte Förderung von Arbeiterkindern immer weniger Anhänger. Auch Aussagen, welche auf die längere gemeinsame Unterrichtung der

Kinder abzielen, erhielten weniger Zustimmung. Ebenso sank die Quote der Zustimmung zu Maßnahmen zur inneren und äußeren Schulreform (Verzicht auf Zensuren während der ersten drei Grundschuljahre, Verlängerung der vierjährigen Grundschule auf sechs Jahre, Erleichterung des Übergangs von einer Schulart zur anderen). In den neuen Bundesländern zeigten sich teilweise umgekehrte Trends: Zunehmend mehr Eltern befürworteten die längere gemeinsame Unterrichtung der Kinder oder die Verlängerung der vierjährigen Grundschulzeit. Über die Hälfte der Befragten war nach wie vor der Überzeugung, die äußere Schulstruktur der DDR hätte beibehalten werden sollen, allerdings bei Änderung der Unterrichtsziele und -inhalte.

Die Meinung der Eltern zur Grundschule wurde mit Hilfe eines selbst konstruierten Elternfragebogens erfasst, wobei wir Anleihen bei bereits verwendeten Fragebögen machten (u.a. Schmidt 1981, Ulbricht 1993). Zur besseren Generalisierung und Vergleichbarkeit unserer Daten haben wir auch Fragen aufgenommen, zu denen aus Repräsentativerhebungen bereits Ergebnisse vorliegen: ALLBUS (Allgemeines Bevölkerungsumfrage der Sozialwissenschaften 1986) und IFS (Institut für Schulentwicklungsforschung)-Umfrage (Rolff u.a. 1994, 1996).

Wir führten zwei Fragebogenerhebungen durch, und zwar in den Schuljahren 1994/95 und 1998/99, als die Kinder der befragten Mütter und Väter die 2. bzw. 6. Grundschulklasse besuchten. Den Eltern unserer an der Untersuchung beteiligten Klassen wurden die Fragebögen von der Klassenlehrerin übermittelt. An der ersten Erhebung beteiligten sich 477 Eltern aus 41 Klassen (20 aus Ostberlin/21 Westberlin), an der 2. Erhebung 377 Eltern aus 32 Klassen (davon stammten 20 aus dem Ostteil und 12 Klassen aus dem Westteil der Stadt). Die Fragebögen wurden in der Regel von der Mutter ausgefüllt.

Bei beiden Elternbefragungen war der Anteil der Eltern mit den Abschlüssen Abitur, Fachhochschule oder Universität sehr hoch: Bei den Vätern lag er in Ostberlin bei beiden Befragungen um 38%, in Westberlin betrug er bei der ersten Erhebung 25%, bei der zweiten Erhebung 38%. Auch die Bildungsabschlüsse der Mütter waren sehr hoch, wenn auch (erwartbar) geringer als die der Väter. Bei der Interpretation der Ergebnisse der Fragebogenerhebung ist deshalb die Verzerrung („Bildungsbias") der Stichprobe zu berücksichtigen. Die Ergebnisse beziehen sich im Wesentlichen auf die Meinungen von Eltern mit mittleren und höheren Bildungsabschlüssen. Dies entspricht der bekannten Tatsache, dass Eltern mit höherem Schulabschluss stärker an schulischen Belangen ihrer Kinder interessiert sind.

Einstellungen der Eltern zur Schule

Da - wie die repräsentativen bundesweiten Befragungen zeigen - erhebliche Unterschiede zwischen Eltern aus den alten und den neuen Bundesländern bestehen - werden im Folgenden unsere Ergebnisse getrennt für die Eltern aus den Ost- und Westbezirken von Berlin dargestellt, wobei noch einmal hervorzuheben ist, dass es sich bei den von uns befragten Eltern vor allem um solche mit hohen Bildungsabschlüssen handelt.

Welche Leitvorstellungen haben Eltern über die Aufgaben von Bildung und Erziehung in Familie und Schule?

Die Frage zu den Erziehungszielen, die Eltern in Familie und Schule als am wichtigsten ansehen, haben wir der ALLBUS-Studie, einer Repräsentativerhebung (1986), entnommen. Die Eltern sollten jeweils ankreuzen, welche drei Ziele aus einer Liste von 9 vorgegebenen Zielen für sie am wichtigsten sind. Tabelle 1 zeigt die Ergebnisse zu Leitvorstellungen in Bezug auf die Familie.

Tab. 1: Was sollten Ihrer Meinung nach die Kinder in der Familie ganz allgemein mitbekommen? (*Bitte wählen Sie die drei Punkte aus, die Ihnen am wichtigsten erscheinen.*)					
	ALLBUS 1986 N=3095	*NOVARA 1995*		*NOVARA 1999*	
		Ost N=234	West N=229	Ost N=231	West N=139
	alle Angaben in % der Fälle				
Lebensfreude	59	69	73	69	66
Achtung vor Mitmenschen	50	52	53	52	59
persönliche Selbstständigkeit	41	49	51	52	50
gute Umgangsformen	39	44	27	46	28
Ordnung und Disziplin	39	32	26	32	23
sicheres Selbstbewusstsein	28	31	38	26	40
eigene Urteilsfähigkeit	25	12	18	14	25
vielseitiges Wissen	11	9	7	7	5
Kenntnisse für den Beruf	5	1	4	1	4

Bemerkenswerterweise ergab sich eine gute Übereinstimmung in allen fünf Stichproben, was die Rangreihe der drei am häufigsten und der beiden am seltensten genannten Ziele für die Familie angeht: Am häufigsten genannt wurden Lebensfreude, Achtung vor den Mitmenschen und persönliche Selbstständigkeit. Wissensaneignung und -vermittlung (vielseitiges Wissen, Kenntnisse für den Beruf) spielten in den Augen der Eltern bei der Familienerziehung keine Rolle.

In der ALLBUS-Stichprobe und den Ostberliner Stichproben ergab sich auch in der Reihenfolge der anderen Häufigkeiten eine perfekte Rangkorrelation: Gute Umgangsformen sowie Ordnung und Disziplin rangierten vor sicherem Selbstbewusstsein und eigener Urteilsfähigkeit. In der West-Stichprobe erhielt sicheres Selbstbewusstsein zu beiden Erhebungszeitpunkten deutlich mehr Nennungen als gute Umgangsformen sowie Ordnung und Disziplin. Die Eltern der Westberliner Stichprobe von 1999 gewichteten eigene Urteilsfähigkeit noch stärker.

Insgesamt sind die Eltern in West- und Ostberlin in ihren Vorstellungen von den Aufgaben der Erziehung in der Familie recht konstant geblieben. Der Ost/West-Vergleich ergab somit auch 1999 weiterhin eine hohe Übereinstimmung in den wichtigsten Werten, bei nachgeordneten Werten gab es nach wie vor Unterschiede in Bezug auf die individualistischen Werte (sicheres Selbstbewusstsein, eigene Urteilsfähigkeit), die von Westberliner Eltern häufiger genannt wurden, und die sozialen Tugenden (gute Umgangsformen, Ordnung/Disziplin), die häufiger von den Ostberliner Eltern betont wurden. Ein ähnlicher Unterschied zeigte sich in Bezug auf die Bildungsabhängigkeit: Eltern mit Abitur betonten häufiger Lebensfreude und eigene Urteilsfähigkeit, Eltern ohne Abitur häufiger Ordnung und Disziplin als Aufgabe der Familienerziehung. Tabelle 2 zeigt die Ergebnisse zum Bereich Schule.

Tab. 2: Was sollten Ihrer Meinung nach die Kinder in der Schule ganz allgemein mitbekommen? (*Bitte wählen Sie die drei Punkte aus, die Ihnen am wichtigsten erscheinen.*)

	ALLBUS 1986 N=3095	NOVARA 1995		NOVARA 1999	
		Ost N=237	West N=230	Ost N=233	West N=141
	alle Angaben in % der Fälle				
vielseitiges Wissen	58	86	71	87	72
persönliche Selbstständigkeit	50	50	49	49	39
eigene Urteilsfähigkeit	43	40	43	38	47
Ordnung und Disziplin	32	29	22	26	26
Achtung vor Mitmenschen	30	30	38	31	36
sicheres Selbstbewusstsein	27	37	41	34	39
Kenntnisse für den Beruf	27	13	9	14	13
gute Umgangsformen	17	3	3	4	7
Lebensfreude	14	13	22	13	19

Auch hier sind die Ergebnisse in Bezug auf die drei am häufigsten genannten Merkmale in allen fünf Stichproben gleich: vielseitiges Wissen, persönliche Selbstständigkeit und eigene Urteilsfähigkeit. In der Reihenfolge setzten nur die Westberliner Eltern 1999 eine andere Gewichtung. Gute Umgangsformen, Kenntnisse für den Beruf und Lebensfreude (Letzteres nur in der ALLBUS- und den Ostberliner Stichproben) rangierten am Ende der Häufigkeitsskala.

Insgesamt ergaben sich zu beiden Messzeitpunkten recht hohe Ähnlichkeiten zwischen der Ost- und der West-Stichprobe. Eltern ließen hohe Ansprüche an die Erziehungsleistung der Schule in Bezug auf die Ausbildung kognitiver und sozialer Kompetenzen erkennen. Dennoch sind auch Ost/West-Unterschiede zu verzeichnen. Für Ostberliner Eltern hatte das vielseitige

Wissen einen etwas höheren Stellenwert, während Westberliner Eltern mit etwas größerer Häufigkeit die Lebensfreude, die eigene Urteilsfähigkeit und das sichere Selbstbewusstsein nannten. Auch Eltern mit unterschiedlichen Bildungsabschlüssen unterschieden sich in ihren Erwartungen an die Schule. Eltern ohne Abitur nannten häufiger Ordnung und Disziplin, Eltern mit Abitur häufiger eigene Urteilsfähigkeit und Achtung vor Mitmenschen.

Wie zufrieden sind Eltern mit der Grundschule?

Die Ergebnisse zur Frage: „Wenn Sie über die Grundschule insgesamt nachdenken, sind Sie dann zufrieden, teils zufrieden/teils unzufrieden, unzufrieden?" sind aus Tabelle 3 zu entnehmen.

Es zeigte sich - wie auch die IFS-Umfrage erwarten ließ - eine starke Abnahme der Zufriedenheit bei beiden Eltern-Gruppen. Eltern ohne Abitur äußerten dabei tendenziell eine höhere Zufriedenheit als Eltern mit Abitur.

Tab. 3: Zufriedenheit mit der Grundschule (Antworten in %)

„Wenn Sie über die Grundschule insgesamt nachdenken, sind Sie dann ..."	Elternbefragung 1995		Elternbefragung 1999	
	Ost (N=237)	West (N=230)	Ost (N=226)	West (N=138)
zufrieden	41	47	30	33
teils zufrieden, teils unzufrieden	55	49	61	57
unzufrieden	3	4	10	11

Bei beiden Erhebungen hatten die Eltern die Möglichkeit, auf eine offene Frage zu schreiben, was ihnen an der Grundschule gefällt und was ihnen missfällt. Die Inhaltsanalyse der Antworten ergab, dass 1999 deutlich mehr negative Kritik geäußert wurde als 1995 (dazu Valtin/Rosenfeld 2000). Besonders oft kritisierten Eltern den häufigen Unterrichts- und Stundenausfall sowie den Wegfall von Förder- und Teilungsstunden, auch wegen Krankheit der (überalterten) Lehrkräfte. Andere schlechte Rahmenbedingungen wurden ebenfalls bemängelt: zu große Klassen, häufiger Lehrerwechsel, schlechte Ausbildung der Lehrer für die Klassen 5 und 6, Finanznot der Schulen und unzureichende Arbeits- und Lehrmittel, bauliche Missstände, verkommene Toiletten, zu wenig außerschulische Angebote für den Nachmittag, hoher Ausländeranteil. Etwas seltener wurde Kritik geübt an den unzureichenden Leistungsanforderungen der Grundschule und unzureichender Vermittlung von Grundkenntnissen. Relativ selten wurden Inhalte (Fehlen musisch-ästhetischer und handwerklicher Fähigkeiten) oder Methoden des Grundschulunterrichts bemängelt.

Andere Eltern beschrieben ein wachsendes Aggressionspotenzial auf Seiten der Kinder, denen genervte, frustrierte und überreagierende Lehrer gegenüberstehen, die zudem als oft krank und der Großelterngeneration zugehörig eingeschätzt wurden.

Gelobt wurden vor allem das Engagement einzelner Lehrerinnen und ihr Einsatz für das Klassenklima und die Förderung einzelner Kinder. Eltern würdigten inhaltlich guten Unterricht, positive Zusammenarbeit in Klassen und Gesprächsbereitschaft der Lehrer auch für Eltern.

Wie beurteilen Eltern die Angemessenheit der schulischen Anforderungen?

Hier lautete die Frage: „Die Anforderungen der Grundschule (laut Rahmenplan) sind ... zu hoch ... genau richtig ... zu niedrig, ... weiß nicht." Tabelle 4 zeigt die Ergebnisse.

Tab. 4: Einschätzung der Anforderungen der Grundschule (Antworten in %)

„Die Anforderungen der Grundschule (lt. Rahmenplan) sind ..."	Elternbefragung 1995		Elternbefragung 1999	
	Ost (N=232)	West (N=227)	Ost (N=233)	West (N=139)
zu hoch	8	7	3	7
(genau) richtig	65	71	68	63
zu niedrig	19	10	24	14
weiß nicht	8	12	5	16

Während etwa zwei Drittel aller Befragten die schulischen Anforderungen als genau richtig einschätzen, ergab sich - ebenfalls wie in der IFS-Studie - eine Verschiebung in Richtung der Antwort zu niedrig, wobei vor allem die Ostberliner Eltern sowie Eltern mit Abitur dies feststellten. Zu beiden Befragungszeitpunkten gab es nur wenige Eltern, welche die Leistungsanforderungen für zu hoch einschätzten.

Wie schätzen Eltern die Lernfreude, Lernvoraussetzungen und Lernhaltung der Kinder ein?

Auf die Frage: „Wie gern geht Ihr Kind zur Schule?" antworteten fast drei Viertel der Eltern der Zweitklässler mit „gern". Diese Zahlen sanken jedoch bei den Eltern der Sechstklässler, bei den Ostberliner Eltern noch stärker (auf 50%) als bei den Westberlinern (59%). Auch in der IFS-Studie zeigten die Umfrageergebnisse der letzten Jahre, dass die Eltern von Grundschulkindern über eine Abnahme der Lernfreude der Kinder berichten. Eltern mit Abitur berichteten tendenziell eine größere Lernfreude des Kindes. Allerdings gehen nach Angaben der Eltern nur sehr wenige Kinder, jeweils 3 bis 6%, ungern zur Schule. Insgesamt ist also von einer eher positiven Einstellung des Kindes zur Schule auszugehen. Dies entspricht auch den Ergebnissen der Schülerbefragung, die unten (im Kapitel 11) dargestellt werden. Wie in der IFS-Studie wurde auch in unserer Elternbefragung den Mädchen eine höhere Schulzufriedenheit zugeschrieben. Dies steht ebenfalls in Einklang mit unseren Ergebnissen der Kinder-Befragung: In fast allen Schuljahren berichteten mehr Mädchen als Jungen, dass sie lieber in die Schule gehen.

In der Erhebung 1999 wurden Eltern befragt, wie das Kind sich mit schulischen Anforderungen auseinandersetzt. Tabelle 5 gibt einen Überblick über die Ergebnisse.

Tab. 5: „Wie schätzen Sie Ihr Kind ein?" (Antworten in %)

	Ost N=229		West N=138	
	Stimmt eher	stimmt eher nicht	stimmt eher	stimmt eher nicht
Mein Kind lernt leicht, braucht wenig Hilfe	63	37	72	28
Mein Kind ist konzentriert und ausdauernd	53	47	68	32
Mein Kind tut ungern etwas für die Schule	27	73	28	72
Mein Kind ist ängstlich/nervös bei Klassenarbeiten	41	59	38	62
Mein Kind traut sich nicht, sich in der Klasse zu melden	20	80	23	77
Mein Kind hat großes Selbstvertrauen	62	38	69	31
Mein Kind ist fleißig	63	37	65	35
Mein Kind erledigt Hausaufgaben ordentlich und genau	63	37	83	17
Mein Kind schneidet in Klassenarbeiten schlechter ab, als es seinem Leistungsvermögen entspricht	46	54	31	69
Mein Kind hat Angst vor schlechten Noten	38	62	38	62

Insgesamt wurden von der Mehrheit der Eltern die Lernvoraussetzungen und Lernhaltungen ihrer Kinder als positiv beschrieben. Westberliner Eltern gaben wesentlich günstigere Beurteilungen zum Lernverhalten ihres Kindes und bescheinigten ihnen mehr Ordnung bei der Erledigung der Hausaufgaben, mehr Konzentration und mehr Selbstständigkeit beim Lernen. Es ist fraglich, ob es sich hier in allen Bereichen um tatsächliche Unterschiede handelt. Plausibler ist, dass die Ostberliner Eltern andere, d.h. anspruchsvollere Beurteilungsmaßstäbe in Bezug auf das Arbeitsverhalten anlegen und Westberliner Eltern milder und „kindgemäßer" urteilen. In Bezug auf motivationale („Mein Kind tut ungern etwas für die Schule") und emotionale Merkmale (Ängstlichkeit, Nervosität) sind die Einschätzungen der Eltern ähnlich. Was das stärkere Selbstvertrauen betrifft, das Westberliner Eltern ihren Kindern bescheinigten, so deuteten sich in der Selbstwertskala, die wir im 5. und 6. Schuljahr verwendet haben, tatsächlich günstigere Werte für die Westberliner Schülerinnen und Schüler an.

Eltern mit Abitur meinten häufiger als Eltern ohne Abitur: „Mein Kind lernt leicht, braucht wenig Hilfe", „Mein Kind ist konzentriert und ausdauernd". Die Eltern unserer Stichprobe schätzten das Lernverhalten der Mädchen als günstiger ein in Bezug auf Konzentration/Ausdauer, Fleiß, Ordentlichkeit bei Hausaufgaben sowie bei der Aussage: „tut ungern etwas für die Schule". Außerdem bescheinigten sie den Mädchen größere Ängstlichkeit und Nervosität bei Klassenarbeiten. Auch in unseren Tests zur Erfassung der Leistungsangst wiesen Mädchen höhere Werte auf (s. Kapitel 11).

Bei allen positiven Urteilen über die Lernhaltung darf dennoch nicht übersehen werden, dass jeweils ein Fünftel bis zu über einem Drittel der Eltern auch Negatives und Problematisches zu berichten weiß über Leistungsängste, Nervosität und mangelnde Konzentration ihres Kindes. Man kann sich gut vorstellen, dass dieser Sachverhalt auch die Eltern-Kind-Beziehung belasten kann.

Welche Reformen wünschen sich Eltern für die Grundschule?

In der Erhebung 1999 wurde die Einstellung der Eltern zu Reformen in der Grundschule erfragt. Tabelle 6 zeigt die Ergebnisse (s. nächste Seite).

Die höchste Zustimmungsrate erhielt gleichermaßen bei den Eltern aus Ost- und Westberlin der Aspekt: „bessere Vermittlung von Grundkenntnissen in Deutsch und Rechnen". Auch in der IFS-Studie ließen die Eltern erkennen, dass sie offenbar mit den Leistungen der Schule in Bezug auf die Vermittlung des Lernstoffs in diesen Fächern nicht sehr zufrieden waren: Nur 30% der Befragten gaben an, dass sie die Kenntnisse und Fähigkeiten der Schülerinnen und Schüler nach Abschluss der Schule in den Fächern Deutsch und Mathematik für gut hielten (und die Ergebnisse der PISA-Studie bestätigen dies leider). Die Verkürzung der gemeinsamen Grundschule auf 4 Jahre wurde von unseren befragten Eltern für unwichtig erachtet. Dies entspricht der IFS-Studie, der zufolge 23% der West-Stichprobe und 48% der Ost-Stichprobe 1997 die Meinung vertrat, die Grundschule solle nicht 4, sondern 6 Jahre dauern. Die von 1995 bis 1999 in unserer Stichprobe beobachtete Zunahme der Unzufriedenheit der Eltern mit der Grundschule hat also offenbar keine Gründe, die auf die sechsjährige Dauer der Grundschule bezogen sind (obwohl in der öffentlichen Diskussion gegenwärtig vor allem dieser Punkt hervorgehoben wird). Ein Fünftel der Eltern im Westteil und 43% der Eltern aus dem Ostteil Berlins hielten sogar eine Verlängerung der gemeinsamen Schulzeit auf 8 bis 10 Jahre für wichtig. Dieser Wunsch wur-

Tab: 6: „Welche Veränderungen wären (bzw. sind) für Sie in der Grundschule bedeutsam?" Ausmaß der Zustimmung zu Items (in%)

	Ost N= 229		West N= 138	
	wichtig	unwichtig/ weniger wichtig	wichtig	unwichtig/ weniger wichtig
vermehrte Kleingruppenarbeit	71	29	80	20
stärkere Beachtung von Disziplin	69	31	58	42
Öffnung der Schule und vermehrt außerschulische Lernorte	39	61	44	56
Verkürzung der gemeinsamen Grundschule auf 4 Jahre	15	85	14	86
Integration von behinderten und nichtbehinderten Schülerinnen und Schüler	63	37	79	21
mehr lebensweltlicher Bezug des Unterrichts	68	32	79	21
Ersetzung von Zeugnisnoten durch verbale Beurteilung	11	89	28	73
Veränderung des Unterrichts und begründeter Notenverzicht	12	88	29	71
Verlängerung der gemeinsamen Schulzeit auf 8 bis 10 Jahre	43	57	22	79
bessere Vermittlung von Grundkenntnissen in Deutsch und Rechnen	88	13	88	12
mehr schulische Angebot am Nachmittag	73	27	56	44

de vor allem von Eltern ohne Abitur vorgetragen. Stärker als Änderungen in Bezug auf die Schulstruktur gewichteten die Eltern (und in noch stärkerem Maße die Westberliner) Maßnahmen, die als Elemente der Grundschulreform gelten: vermehrte Kleingruppenarbeit, mehr lebensweltlicher Bezug des Unterrichts, Öffnung der Schule und vermehrte außerschulische Lernorte. Letzteres wurde auch verstärkt von Eltern ohne Abitur gefordert. Ostberliner Eltern wünschten sich - im Einklang mit ihren Erziehungsvorstellungen - eine stärkere Beachtung von Disziplin. In Anbetracht des Abbaus von Horteinrichtungen in Ostberlin ist auch der Wunsch der in der Mehrzahl berufstätigen Eltern nach weiteren schulischen Angeboten am Nachmittag verständlich. Dies fand auch über die Hälfte der Westberliner Eltern wichtig, denen nur sehr wenige Ganztagsschulen bzw. nachmittägliche Betreuungsangebote zur Verfügung stehen. Die Ersetzung der Zeugnisnoten durch verbale Beurteilungen in der Grundschule fand nur wenig Anhänger. Im nächsten Kapitel wird dieser Frage differenzierter nachgegangen.

Abschließende Bemerkungen

Was die Meinungen und Einstellungen der Eltern zur Grundschule betrifft, zeigten sich ebenso wie in der IFS-Studie gestiegene bzw. hohe Erwartungen an die Leistungsfähigkeit der Schule, sowohl in Bezug auf die Qualifikationsfunktion und die Bedeutsamkeit schulischer Bildungsabschlüsse als auch auf die von der Schule zu erbringenden Erziehungsaufgaben. Die hohe und gestiegene Nachfrage nach außerschulischer Betreuung der Kinder und Ganztagseinrichtungen verweist ebenfalls darauf, dass Eltern der Schule in hohem Maße erzieherische Aufgaben zuschreiben. Parallel zu diesen hohen Erwartungen und Ansprüchen an Schule sank jedoch die Zufriedenheit mit dieser Institution. Ebenso wie in der IFS-Studie war eine deutliche Abnahme der Zufriedenheit mit der Grundschule insgesamt festzustellen. Eine Analyse der von den Berliner Eltern mitgeteilten Kritik ergab, dass vor allem die schlechten schulischen Rahmenbedingungen moniert wurden (Unterrichtsausfall, Wegfall von Förderstunden und Arbeitsgemeinschaften, Finanznot der Schulen, schlechter baulicher Zustand). So gut wie keine Kritik richtete sich an die grundschulspezifischen Methoden des Unterrichts, wenngleich sich vor allem Westberliner Eltern und teilweise Eltern mit Abitur vermehrt für Maßnahmen der Grundschulreform aussprachen, wie: Kleingruppenarbeit, lebensweltlicher Bezug des Unterrichts, Öffnung der Schule und Einbezug außerschulischer Lernorte.

4. Welche Erfahrungen, Einstellungen und Wünsche haben Eltern in Bezug auf Notengebung und Verbalbeurteilung?

von Renate Valtin und Heidrun Rosenfeld

Ob in der Grundschule das Zeugnis in der Form von Noten oder verbaler Beurteilung gegeben wird, darüber können in Berlin, aber auch in anderen Bundesländern, Eltern mitentscheiden. Sie haben zumindest ein Mitspracherecht in Bezug auf den Zeitpunkt, an dem zur Notengebung übergegangen wird. Deshalb ist es von Interesse, Informationen darüber zu erhalten, welche Zeugnisform sich Eltern für ihre Kinder wünschen und welche Einstellungen sie zur Leistungsbeurteilung haben. Zunächst soll über die Erfahrungen der Berliner Eltern mit der ersten verbalen Beurteilung ihres Kindes am Ende des ersten Schuljahrs berichtet werden.

Wie beurteilen Eltern die Abfassung des Berichtszeugnisses?

Eine Frage lautete: „Im letzten Sommer hat Ihr Kind die erste verbale Beurteilung bekommen. Wie war die verbale Beurteilung aus Ihrer Sicht als Eltern im Wesentlichen abgefasst?". Da mehrfaches Ankreuzen möglich war, sind in der folgenden Tabelle die Angaben so zusammengestellt, dass daraus auch hervorgeht, wie viele Eltern nicht geantwortet haben, also diese Kategorie möglicherweise als irrelevant oder nicht zutreffend betrachteten.

Tab. 1: Wie war Ihrer Meinung nach die verbale Beurteilung im Wesentlichen abgefasst? (Angaben in %)

				keine Antwort
verständlich	82	unverständlich	3	15
übersichtlich	33	unübersichtlich	2	66
sachlich	48	unsachlich	1	51
ermutigend	32	entmutigend	2	66
aufwertend	11	abwertend	1	88
informativ	50	nicht informativ	6	44
aussagekräftig	46	nicht aussagekräftig	8	46

Einerseits ist sicherlich als günstig bei dieser Einschätzung der verbalen Beurteilung hervorzuheben, dass so wenige Antworten der Eltern in die negativen Kategorien fallen. Andererseits ist die Anzahl der Antworten in den als positiv formulierten Kategorien - mit Ausnahme des Merkmals „verständlich", das von über vier Fünftel der Eltern angekreuzt wurde - auch nicht besonders überzeugend hoch. Wir deuten dies als Hinweis darauf, dass die Wünsche der Eltern an ein verbales Zeugnis nicht völlig erfüllt werden, wobei dies einerseits inhaltliche Gesichtspunkte betrifft (Informationsgehalt, Aussagekraft, Ermutigung), andererseits formale Aspekte (wie Übersichtlichkeit).

Auf die Frage: „Stimmt das Bild, das von Ihrem Kind in der verbalen Beurteilung gezeichnet worden ist?", lauteten die Antworten:

- völlig richtig 42%
- ziemlich richtig 55%
- eher falsch 2%
- falsch 0,4% (keine Antwort 1,1%).

Insgesamt hielten also fast alle Eltern die Beurteilung ihres Kindes für angemessen. Dies entspricht dem Ergebnis einer Elternbefragung von Schmidt (1981), der allerdings diesen Befund distanziert interpretiert: „Dieses wird von uns weniger als Beleg für die hervorragende Qualität, sondern als Hinweis auf die faktische Autorität der Zeugnisse gewertet" (Schmidt 1981, S. 488). Für diese Interpretation spricht auch, dass nur zwei Prozent der von uns befragten Eltern bei den Lehrkräften Kritik an der verbalen Beurteilung äußerten (s.u.).

Wie waren die Reaktionen der Kinder und Eltern auf das Berichtszeugnis?

Hier interessierten uns sowohl die Reaktionen des Kindes als auch die der Eltern. Insgesamt ist die Reaktion des Kindes auf das erste Zeugnis nach Meinung der Eltern positiv ausgefallen: 68% der Kinder waren erfreut. Hervorzuheben ist jedoch auch, dass zumindest einige Kinder ihr Zeugnis gleichgültig (18%) oder sogar enttäuscht (7%) aufgenommen haben. Auf die Frage, ob das Kind den Inhalt der von der Lehrerin geschriebenen Beurteilung schon erfassen konnte, antworteten mit Ja 40%, mit Nein 7% und „mit Hilfe" 53%. Die Reaktionen der Eltern auf das erste Berichtszeugnis ihres Kindes sind aus Tabelle 2 zu entnehmen. Die Frage lautete hier: „Wie sind Sie mit der verbalen Beurteilung Ihres Kindes umgegangen?" (mehrere Antworten möglich).

Die Antworten sollen hier danach betrachtet werden, welchen Aufschluss sie über Funktionen von Zeugnissen aus Sicht der Eltern liefern. Aus den Zahlen ist zu entnehmen, dass die Eltern im Wesentlichen die Informations- und Rückmeldefunktion des Zeugnisses wahrnahmen, seltener das Zeugnis als Disziplinierungsmittel betrachteten - sofern man den geringen Anzahlen

Tab. 2: Reaktion der Eltern auf die verbale Beurteilung (Angaben in %)

mit dem Kind besprochen	78
in der Familie besprochen	60
mit anderen Eltern besprochen	11
bei der Lehrerin kurz zurückgefragt	5
mit der Lehrerin ausführlich besprochen	6
dem Kind Unverständliches erklärt	35
mit dem Zeugnis anderer Kinder aus der Klasse verglichen	6
das Kind ermuntert	43
das Kind bestraft	0,6
das Kind musste üben	2
mit dem Kind zusätzlich gelernt	10
das Kind ermahnt	6

zum Strafen und Ermahnen Glauben schenken darf. Eher noch wurde die Anreizfunktion des Zeugnisses gesehen, wenn über ein Drittel der Eltern das Kind „ermuntern". Relativ selten wurde das Zeugnis auch als „förderdiagnostisches Hilfsmittel" angesehen, das Anlass zu konkretem Üben oder Lernen lieferte (In Kapitel 8 wird darüber berichtet, dass die förderdiagnostische Funktion des Zeugnisses nur in Ansätzen realisiert wurde). Dass Eltern gleichwohl auch die Förderung des Kindes betreiben wollen, wird aus Antworten zu einer anderen Frage deutlich. Sie lautete: „Mit welchen Fragen im Zusammenhang mit der verbalen Beurteilung wandten Sie sich an die Lehrerin Ihres Kindes?" Vorauszuschicken ist, dass nur 37% der Eltern unserer Stichprobe diese Frage beantworteten, so dass zu vermuten ist, dass für fast zwei Drittel von ihnen das erste Zeugnis keine Veranlassung zu einem Kontakt mit der Lehrerin bot. Als Gründe für die Kontaktaufnahme mit der Lehrerin nannten die befragten Eltern:

– Genaueres und mehr über das Kind zu erfahren 37%,
– gemeinsam über Möglichkeiten zur Förderung Ihres Kindes beraten 33%,
– Kritik an der verbalen Beurteilung anzubringen 2%,
– sich einige Aussagen der verbalen Beurteilung des Kindes erklären lassen 11%.

Aus den bisher berichteten Ergebnissen lässt sich folgern, dass für Eltern das Berichtszeugnis allein keine ausreichende Basis dafür liefert, sich umfassend über das Kind zu informieren. Vor allem das Gespräch mit der Lehrerin wurde von den Eltern gesucht, wie Antworten auf eine weitere Frage folgern lassen. Die Frage: „Haben Sie mit der Lehrerin über die schulische Entwicklung Ihres Kindes gesprochen?", wurde von 88% der Eltern bejaht, die offenbar irgendwann im Verlauf des ersten Schuljahrs die Gelegenheit zu einem Gespräch aufsuchten. In der Befragung von Ulbricht (1993) gaben sogar 97% der Eltern an, mit der Lehrerin persönlichen Kontakt gehabt zu haben. Diese Zahlen lassen den Schluss zu, dass bei Eltern von Erstklässlern ein großes Interesse am schulischen Werdegang ihres Kindes besteht. Insgesamt fühlten sich fast alle der von uns befragten Eltern über die schulische Entwicklung ihres Kindes informiert. Nur 2% der Eltern beantworteten die entsprechende Frage mit Nein, 82% mit „ja, gut" und immerhin 15% mit „ja, schlecht", wobei allerdings zu bemerken ist, dass sich diese letzte Gruppe auch nicht um ein Gespräch mit der Lehrerin bemühte.

Welche Wünsche haben Eltern an das Berichtszeugnis?

Zunächst fragten wir - getrennt nach den Bereichen Sozialverhalten, Arbeitsverhalten, Leistungsstand und Lernentwicklung - allgemein danach, ob Eltern der Meinung waren, dass diese Bereiche überhaupt in eine verbale Beurteilung gehörten (was jeweils von mehr als drei Viertel der Befragten bejaht wurde). Danach wurde nach spezifischen Aspekten gefragt und zum Schluss danach, ob sie sich Orientierungshilfen für eine künftige Veränderung wünschten (was ebenfalls bei mehr als drei Viertel der Befragten der Fall war). Die Wünsche und Vorstellungen der Eltern zum *Sozialverhalten* gehen aus Tabelle 3 hervor.

Tab. 3: Antworten zur Frage: „Bei der Beschreibung des Sozialverhaltens meines Kindes wünsche ich mir Aussagen zu..." (Mehrfachantworten möglich, Angaben in %)

Kontakte zu Mitschülern (Freundschaften, Stellung des Kindes in der Klasse u.a.)	81
Verantwortungsbewusstsein	71
Durchsetzungsvermögen	71
Selbstvertrauen	68
Hilfsbereitschaft	63
Umgang mit Kritik (Äußern, Zurückweisen, Annahme von Kritik	63
Verhalten des Kindes in Konfliktsituationen	57
Kooperationsfähigkeit	49
Einhaltung schulischer Normen und Regeln	46
Toleranz	43

Zunächst ist festzustellen, dass in Bezug auf die allgemeine Frage, ob das Sozialverhalten in der verbalen Beurteilung überhaupt beschrieben werden solle, nur etwa drei Viertel der Eltern mit Ja geantwortet haben. Bei der Frage nach speziellen Aspekten (z.B. nach den Kontakten) antworteten aber mehr Eltern bejahend, woraus zu folgern ist, dass die Konkretisierung dieser Frage „Begehrlichkeiten" geweckt hat. Entsprechendes gilt weiter unten für das Lernverhalten des Kindes. Wie aus den Antworten hervorgeht, haben Eltern ein großes Informationsbedürfnis, wobei die guten Kontakte und das reibungslose Miteinander mit anderen, aber auch personale Kompetenzen (Verantwortungsbewusstsein, Durchsetzungsfähigkeit) als wichtig erachtet werden. Die Einhaltung schulischer Normen und Regeln, also die Konformität mit schulischen Standards, hat demgegenüber nur ein geringeres Gewicht. Dies entspricht den Ergebnissen der Befragung von Ulbricht (1993), deren Kategorienschema wir in erweiterter Form übernommen haben. Dort zeigten sich die bayerischen Eltern weniger interessiert an Aussagen zur „Disziplin" als an anderen Aspekten des Sozialverhaltens.

Über Wünsche und Vorstellungen der Eltern zum *Arbeitsverhalten* informiert Tabelle 4.

Tab. 4: Antworten zur Frage: „Bei der Beschreibung des Arbeitsverhaltens meines Kindes lege ich Wert auf ..." (Mehrfachantworten möglich, Angaben in %)

Beteiligung am Unterricht (Aufmerksamkeit, Mitarbeit, eigene Beiträge u.a.)	82
Selbstständigkeit	78
allgemeine Arbeitshaltung (Ausdauer, Sorgfalt, Zielstrebigkeit, Zuverlässigkeit u.a.)	76
Interesse am Unterricht in einzelnen Fächern	69
allgemeine Lernvoraussetzungen (Konzentrationsfähigkeit, Denk- und Merkfähigkeit, Leistungsfähigkeit u.a.)	66
Anwendung des Gelernten (Übertragung auf Neues u.a.)	66
Kreativität	59
Umgang mit Arbeitsmaterialien (Ordnungssinn, Sorgfalt u.a.)	45
Arbeitstempo	42

Wie in der Befragung von Ulbricht (1993) rangierten auf der Wunschliste der Eltern Beteiligung am Unterricht (dort als „Gesprächsbereitschaft" erfasst) und Selbstständigkeit weit oben, Arbeitstempo und Umgang mit Arbeitsmaterialien (dort als „Sorgfalt" gefasst) unten. Sowohl beim Sozial- als auch beim Arbeitsverhalten gewichten Eltern offenbar Merkmale, an deren Lehrerinnen besonders interessiert sein müssten, um ihren Unterricht reibungslos zu gestalten (Einhaltung schulischer Regeln und Normen, Umgang mit Arbeitsmaterialien, Arbeitstempo), weniger stark.

Befragt, welche Aussagen zum *Leistungsstand* sie sich in den einzelnen Lernbereichen wünschen, gaben Eltern die folgenden Antworten:

– eine Darstellung der vom Kind erreichten Leistungen 76%
– Hinweise auf Stärken 73%
– Hinweise auf Schwächen 78%
– Kennzeichnung von Lernrückständen, Lücken 51%

Diese Zahlen belegen, dass Eltern ein großes Interesse daran haben, nicht nur über den genauen Leistungsstand in einzelnen Lernbereichen informiert zu werden, sondern detaillierte Angaben zu Stärken, Schwächen und Lernrückständen des Kindes erwarten. 77% wollten zudem, wie schon oben erwähnt, Orientierungshilfen für künftige Veränderungen. Zusätzlich zu Angaben in bestimmten Lernbereichen wünschten sich die Eltern auch weitere Aussagen zur allgemeinen Lernentwicklung des Kindes, und zwar: Kennzeichnung von Lernfortschritten (75%), Hinweise auf Stillstand in bestimmten Lernbereichen (51%) sowie Hinweise auf Rückschritte (55%). Auch aus diesen Antworten wird wiederum deutlich, dass Eltern ein starkes Interesse daran haben, nicht nur über das Endprodukt der Leistung des Kindes Aufschluss zu erhalten, sondern auch über den Prozess der Leistungserreichung.

Eine weitere Frage sollte Aufschluss darüber geben, welchen Bezugsrahmen Eltern bei Aussagen über den Leistungsstand wünschen. Als Antwortkategorien waren die drei wichtigsten Bezugsnormen vorgegeben (die soziale, die individuelle und die sachliche), wobei Mehrfachantworten möglich waren. Auf die Frage: „Wünschen Sie sich die Aussagen zum Leistungsstand Ihres Kindes in Bezug auf ...", lauteten die Antworten:

- seine Klasse 45%
- seine früheren Leistungen 41%
- die Ziele des Lehrplans 64%.

Die meisten Eltern, d.h. fast zwei Drittel, orientierten sich an der sachlichen Bezugsnorm. Sie wollten darüber informiert werden, inwieweit das Kind mit seinen Leistungen die Ziele des Lehrplans erfüllt. Fast die Hälfte der Eltern wünschte jedoch auch zu wissen, wie der Leistungsstand des Kindes bezogen auf die Klasse ist. Diese Angabe liefert ihnen nicht nur Hilfen für die Einschätzung des Kindes, möglicherweise ist ihnen auch bewusst, dass die Position in der Klasse wichtig für das Wohlbefinden des Kindes ist. Anders als in der Befragung von Ulbricht (1993) spielte die individuelle Bezugsnorm (Vergleich mit früheren Leistungen) bei den Berliner Eltern eine geringere Rolle. Bei den bayerischen Eltern rangierten die Wünsche nach einer Beschreibung des individuellen Lernfortschritts deutlich vor der Erreichung der Lehrplanziele. Allerdings waren die bayerischen Eltern auch häufiger der Meinung, das Verbalzeugnis solle sich ausschließlich an die Kinder (60%) und nicht an die Eltern (30%) richten. Auf die Frage: „An wen ist die verbale Beurteilung gerichtet?", antworteten die Berliner Eltern: an das Kind (59%) sowie an die Eltern (79%). Auf die Frage: „An wen sollte sie gerichtet sein?", lauteten die Antworten: an das Kind (80%) sowie an die Eltern (70%). Aus dem Vergleich der Antworten ist zu entnehmen, dass Eltern sich eine etwas andere Gewichtung der Adressaten wünschten: dass das Zeugnis in erster Linie an das Kind gerichtet werden solle und erst in zweiter Linie an die Eltern.

Welche Zeugnisarten wünschen sich Eltern?

Um die Wünsche der Eltern zu erfahren, legten wir eine Tabelle mit verschiedenen Zeugnisarten vor, verbunden mit der Bitte: „Kreuzen Sie bitte an, in welcher Klasse die Kinder welche Zeugnisart am Schuljahresende erhalten sollten". Die Tabellen 5 und 6 enthalten die Antworten der Eltern aus den beiden Erhebungen.

Tab. 5: Zeugniswünsche der Eltern von Kindern des 2. Schuljahrs (Angaben in %)

Zeugnisart	Klasse 1	Klasse 2	Klasse 3	Klasse 4	Klasse 5	Klasse 6
reine Noten	1	-	-	-	-	1
Noten mit Text	19	46	68	77	82	82
Noten mit Text und Gespräche	3	6	10	10	11	11
Verbale Beurteilung	60	37	15	8	2	2
Verbale Beurteilung und Gespräche	15	9	6	4	3	3
nur Gespräche	2	3	2	2	2	2

Tab. 6: Zeugniswünsche der Eltern von Kindern des 6. Schuljahrs (Angaben in %)

Zeugnisart	Klasse 1	Klasse 2	Klasse 3	Klasse 4	Klasse 5	Klasse 6
reine Noten	1	7	10	14	17	17
Noten mit Text	22	39	56	62	57	57
Noten mit Text und Gespräche	4	7	13	14	19	19
Verbale Beurteilung	47	29	14	5	1	1
Verbale Beurteilung und Gespräche	17	12	5	3	1	1
nur Gespräche	8	6	3	2	5	5

Verglichen mit den anderen Zeugnisformen erhielt die verbale Beurteilung nur für die erste Klasse (wo sie ohnehin obligatorisch ist) die Mehrheit der Stimmen. Beim Vergleich der Antworten aus den Jahren 1995 und 1999 zeigte sich, dass der Wunsch der meisten Eltern dahin geht, den Übergang zur Notenbeurteilung mit Beurteilungstext noch früher zu vollziehen, die Notenbeurteilung aber durch Gespräche mit der Lehrerin bzw. mit Lehrerin und Kind zu ergänzen. In der zweiten Befragung, nachdem die Kinder die Grundschule fast durchlaufen haben, sprachen sich mehr Eltern für die reine Zensierung aus: von 1% für die erste Klasse zu 17% für die Klassenstufen 5 und 6. Von Klasse 3 an ist aber die am häufigsten gewünschte Zeugnisform die Kombination von Noten mit Text (Berteilung bzw. Kommentaren), wobei die letztgenannte Zeugnisform allerdings in Berlin nicht vorgesehen ist.

Wie schätzen Eltern die Vor- und Nachteile von Noten und verbaler Beurteilung ein?

Beide Fragebögen an die Eltern enthielten auch Äußerungen zum Pro und Contra der Notengebung und der verbalen Beurteilung, die aus der aktuellen bildungspolitischen Diskussion entnommen wurden. Tabelle 7 enthält die Ergebnisse, wobei zu bemerken ist, dass einige Fragen in der 2. Erhebung nicht mehr enthalten waren, da wir den Eltern nicht einen zu langen Fragebogen zumuten wollten.

Tab. 7: Zustimmungsrate bei Aussagen zu Noten bei Eltern aus Ost- und Westberlin (Angaben in %)

Aussagen zu Noten	Elternbefragung 1995 (N=466)		Elternbefragung 1999 (N=370)	
	Ost	West	Ost	West
Noten sind objektiver als die verbale Beurteilung.	54	36		
Gute Noten spornen die Kinder an.	86	73		
Schlechte Noten spornen die Kinder an.	33	18		
In den *ersten* Jahren der Grundschule schaden Noten den Kindern.	27	42		
Noten führen zu Rivalität zwischen den Kindern.	33	58		
Die Angst vor schlechten Noten behindert die Lernfähigkeit der Kinder.	36	54		
Noten verleiten die Eltern dazu, Druck auf die Kinder auszuüben.	45	62		
Noten sind einfach aus der Grundschule nicht wegzudenken.	70	52	84	60
Wenn man den Lehrern die Zensur als Druckmittel nimmt, werden die meisten Schüler bald nichts mehr tun.	27	17	44	34
Kinder müssen sich frühzeitig an Noten gewöhnen.	59	43	75	56
Schlechte Noten schaden dem Selbstbewusstsein der Kinder.	46	61	31	57
Bei einem Zeugnis mit Noten weiß man genau, wo das Kind in der Klasse steht.	60	46	74	59

In fast allen Punkten ergaben sich bedeutsame Unterschiede zwischen den Eltern aus Ost- und Westberlin. Ostberliner Eltern hielten Noten insgesamt für selbstverständlicher in der Grundschule, für objektiver und für informativer („Bei einem Notenzeugnis weiß man genau, wo das Kind in der Klasse steht"). Allerdings waren sich Eltern aus Ost und West dahingehend einig, dass gute Noten Kinder anspornen können. Westberliner Eltern wie auch Eltern mit Abitur waren insgesamt kritischer den Noten gegenüber eingestellt. Sie befürchteten, dass Noten Eltern dazu verleiten, Druck auf die Kinder auszuüben, und dass Noten zur Rivalität zwischen den Kindern führen. Speziell befürchteten sie, dass schlechte Noten dem Selbstbewusstsein der Kinder schaden und die Angst vor schlechten Noten die Lernfähigkeit behindere. Im Vergleich der beiden Erhebungen ist festzustellen, dass sowohl Ost- als auch Westberliner Eltern mit Kindern im 6. Schuljahr günstigere Urteile zur Notengebung abgaben. Auch die Einstellung zur verbalen Beurteilung war in beiden Befragungen etwas unterschiedlich (s. Tabelle 8):

Tab. 8: Zustimmungsrate bei Aussagen zur verbalen Beurteilung von Ost- und Westberliner Eltern (Angaben in %)

Aussagen zur verbalen Beurteilung	Elternbefragung 1995 (N=466)		Elternbefragung 1999 (N=369)	
	Ost	West	Ost	West
Die verbale Beurteilung könnte anders gedeutet werden, als es die Lehrerin gemeint hat.	40	35		
Bei der verbalen Beurteilung erfahren die Eltern nicht genau, *wie* ihr Kind steht.	50	34		
Eine verbale Beurteilung informiert genauer über das Kind.	52	65		
Durch die verbale Beurteilung wird die Zusammenarbeit zwischen Grundschule und Elternhaus verbessert.	35	40		
Die verbale Beurteilung gibt dem Kind gezielte Hinweise auf seine Stärken. Dadurch wird es angespornt.	57	60	54	53
Grundschule verändert sich - verbale Beurteilung ist ein neuer Weg.	44	54	25	43
Die verbale Beurteilung bereitet die Kinder nicht genügend auf den Ernst des Lebens vor.	52	29	59	45
Die verbale Beurteilung trägt dazu bei, dass die Kinder nicht so schnell die Lust am Lernen verlieren.	42	52	38	50
Die verbale Beurteilung gibt dem Kind genaue Hinweise auf seine Schwächen. Es kann gezielt an deren Überwindung arbeiten.	60	57	51	56

Nicht nur scheinen die Noten von Klasse 2 bis Klasse 6 bei den Eltern ihren Schrecken zu verlieren und eine größere Akzeptanz zu erreichen. Entsprechend verloren die Vorzüge der verbalen Beurteilung in den Augen der Eltern an Wert, wobei wiederum bei einigen Aussagen Ost/West-Unterschiede bestanden. Westberliner Eltern waren in stärkerem Maße von einigen Vorzügen der verbalen Beurteilung überzeugt: dass sie genauer über das Kind informiere und zum Erhalt der Lernfreude beitrage.

Allerdings gab es Aspekte der Verbalbeurteilung, die von Eltern in Ost- und Westbezirken ähnlich eingeschätzt wurden: Die Mehrheit der Eltern schrieb der Verbalbeurteilung gezielte Hinweise auf Stärken des Kindes zu und ebenso genaue Hinweise auf Schwächen des Kindes. Insofern ist der Wunsch vieler Eltern, Notenzeugnisse plus erläuternde Kommentare zu erhalten, verständlich. Diese Zeugnisform ist allerdings in Berlin nicht vorgesehen, wohl aber in einigen Sekundarschulen in Hamburg. In einer kürzlich in Hamburg durchgeführten Befragung (Beutel/Jachmann/Lütgert/Tillmann/Vollstädt 2000) bevorzugten Eltern mehrheitlich schriftliche Kommentare zu den Noten. Sie wünschten sich Eindeutigkeit und Klarheit im Bewertungsurteil (was ihrer Meinung nach durch Zensuren realisiert wird) sowie ergänzende Hinweise.

Welche Eltern wünschen überhaupt die verbale Beurteilung?

Insgesamt gab es in unserer Stichprobe nur wenige Anhänger einer verbalen Beurteilung nach Klasse 3 der Grundschule. Nur für die ersten beiden Schuljahre sprach sich ein bedeutsamer Anteil der Eltern für die verbale Beurteilung aus. Im folgenden Auswertungsschritt soll weiter erhellt werden, mit welchen Faktoren die Akzeptanz von Verbalbeurteilungen zusammenhängt. Zu diesem Zweck wurde ein Vergleich durchgeführt von Eltern, die sich in der 3. Klasse eine Verbalbeurteilung bzw. eine Kombination von Verbalbeurteilung mit Gesprächen wünschten, mit Eltern, die sich in diesem Schuljahr schon den Übergang zu Noten (ggf. kombiniert mit Gesprächen) wünschten. Naturgemäß unterschieden sich diese beiden Elterngruppen in ihrer Einstellung zu Pro und Contra alternativer Formen der Leistungsbeurteilung und schätzten die Vor- und Nachteile von Notengebung und verbaler Beurteilung unterschiedlich ein. Bemerkenswert ist jedoch, dass auch die Eltern mit einer Notenpräferenz durchaus Vorteile der verbalen Beurteilung sahen: ca. 45% bejahten die Aussagen, dass die verbale Beurteilung dem Kind gezielte Hinweise auf seine Stärken bzw. seine Schwächen gebe und es dadurch anspornte bzw. anrege, an der Überwindung seiner Schwierigkeiten zu arbeiten.

Ferner zeigten sich - neben der oben schon dargestellten Abhängigkeit von der Herkunft aus einem alten bzw. neuen Bundesland - die folgenden bedeutsamen Zusammenhänge:

- *Bildungsabschluss der Eltern*: Eltern mit Abitur sprachen sich - ähnlich wie in der Hamburger Befragung von Beutel u.a. (2000) - etwas häufiger für verbale Beurteilungen aus. 59% der Väter und 66% der Mütter, die Verbalbeurteilung für Klasse 3 wünschten, hatten selbst das Abitur gemacht. Eltern ohne Abitur betonten in größerem Ausmaß die Notwendigkeit der Notengebung („Kinder müssen sich früh an Noten gewöhnen") bzw. deren Vorteile (z.B. als Druckmittel oder klarer Hinweis auf den Leistungsstand des Kindes in der Klasse).

- *Bildungsaspiration*: Eltern mit einer Präferenz für eine längere verbale Beurteilung wünschen sich häufiger das Abitur als Schulabschluss für ihr Kind.

- *Leitvorstellungen zu Aufgaben von Familie und Schule*: In Bezug auf die Aufgaben der Familie betonten Eltern mit einer Präferenz für verbale Beurteilung häufiger individualistische Erziehungsziele (eigene Urteilsfähigkeit, Lebensfreude, sicheres Selbstbewusstsein), während Anhänger der Notengebung häufiger vielseitiges Wissen sowie Ordnung und Disziplin betonten. In Bezug auf die Schwerpunktsetzung in den Aufgaben von Schule sprachen sich die Anhänger der verbalen Beurteilung häufiger aus für „die Entwicklung der Persönlichkeit, das Miteinander mit anderen, den Erwerb neuer Erfahrungen - auch den Erhalt der Lernfreude" (70%) vs. Vermittlung der Grundkenntnisse in den Lernbereichen (30%). Die entsprechenden Zahlen für die Befürworter eines Notenzeugnisses lauteten 23 zu 73%.

- *Reformfreudigkeit*: Notenbefürworter sprachen sich für eine stärkere Beachtung von Disziplin aus, während Eltern mit der Präferenz für verbale Beurteilung eher Maßnahmen der Grundschulreform befürworteten, vor allem im Hinblick auf mehr schülerorientierten Unterricht (vermehrte Kleingruppenarbeit, Öffnung der Schule). Wie dieses Ergebnis verdeutlicht, ist auch vielen Eltern bewusst, dass die Ersetzung der traditionellen Notenzeugnisse durch die Alternative der verbalen Beurteilung eingebettet sein muss in umfassende Maßnahmen zur Grundschulreform und zur Unterrichtsgestaltung.

Abschließende Bemerkungen

Vergleichbar hohe Erwartungen wie an den Bildungs- und Erziehungsauftrag der Schule richteten Eltern an die verbale Beurteilung. Das Berichtszeugnis soll umfassend nicht nur über den Leistungsstand in den einzelnen Lernbereichen informieren, sondern auch in differenzierter Weise über das Arbeits- und Sozialverhalten, die Lernentwicklung sowie den allgemeinen Leistungsstand. Außerdem soll es Orientierungshilfen für zukünftige Veränderungen geben. Als häufigste Bezugsnorm wünschten sich die Eltern den Lehrplan. Diesen hohen Ansprüchen können vermutlich die Berichtszeugnisse nicht gerecht werden: So sind schon die Zustimmungsraten der Eltern zum Aussagegehalt und zum Informationsreichtum des ersten Verbalzeugnisses (das für viele Kinder unserer Stichprobe auch das Einzige blieb) nicht überzeugend hoch. Es sei jetzt schon das Ergebnis der qualitativen Inhaltsanalysen dieser Zeugnisse vorweg genommen (s. dazu Kapitel 8), dass die mit dieser Zeugnisform verbundenen Intentionen (Informationsvielfalt, Lernentwicklungsbericht, Ermutigung und Förderhinweise) nur ansatzweise realisiert wurden. Diese Kluft zwischen Anspruch und Wirklichkeit mag ein Grund dafür sein, dass die Akzeptanz der verbalen Beurteilung bei den Berliner Eltern spätestens nach dem 3. Schuljahr ihres Kindes kaum noch gegeben ist.

5. Was denken Kinder über ihre Zeugnisse?

von Gudula Ostrop, Corinna Schmude und Renate Valtin

Erwachsene zerbrechen sich schon seit langer Zeit darüber den Kopf, wie Zeugnisse beschaffen sein sollten und welche Auswirkungen sie auf Kinder haben. Doch wie erleben Kinder ihre Zeugnisse? Erinnern sie sich überhaupt an ihre Noten? Nehmen sie bewusst wahr, was ihre Lehrerinnen und Lehrer in die verbalen Beurteilungen schreiben? Fühlen sie sich zutreffend und gerecht beurteilt? Diese und ähnliche Fragen können nur die eigentlich Betroffenen, die Schülerinnen und Schüler, beantworten. Doch diese sind bislang nur selten um eine Stellungnahme gebeten worden. Um diesen Mangel zu beheben, wurden in unserer Studie Kinder in drei mündlichen Einzelinterviews zu ihren Zeugnissen interviewt: zu Beginn 2. Klasse 434 Kinder, zu Beginn 3. Klasse 362 Kinder und zu Beginn 4. Klasse 322 Kinder. In Klasse 6 wurden annähernd 600 Kinder schriftlich befragt.

Die erste Befragung fand zum Beginn des 2. Schuljahres statt, nachdem die Kinder ihre erste verbale Beurteilung erhalten hatten. Nahezu alle Kinder waren in der Lage, eine verbale Beurteilung anhand der von uns vorgelegten Zeugnisformulare zu erkennen. Über ein Drittel der Befragten kannte bereits auch ein Notenzeugnis, das diese dann meistens bei älteren Geschwistern schon einmal gesehen hatten.

„Weißt du, was die Zahlen im Zeugnis bedeuten?"

Unabhängig von der Beurteilungsform in Klasse 2 konnten die Kinder mehrheitlich die Bedeutung der Noten von 1 bis 6 korrekt benennen („Weißt du, was in einem Zeugnis die Zahlen bedeuten?"): „Die 1 ist ganz gut. Die 2 ist so, auch ein bisschen gut wie'ne 1. Na, die 4 wird schon so halb. Die 6 ist gar nicht gut." Teilweise wählten die Kinder aber auch drastischere Erklärungen: „Und die 6 ist das Letzte!"

Die Bedeutung der Noten 1 und 2 wurde häufiger erklärt als die der 5 und 6. Die Noten 3 und 4 wurden auffallend seltener erklärt. Hinsichtlich der Bedeutung der 3 waren sich die Kinder unschlüssig und beschrieben sie als „gute", „mittlere" und auch als „schlechte" Note: „Die 3 und 2 gehen." - „Ne 3, na ja, die schwankt schon ein bisschen." - „3 bedeutet, da ist man schlecht."

Man kann also davon ausgehen, dass die per Konvention vereinbarte Bedeutung den Kindern geläufig ist und die Beantwortung der nachfolgenden Frage unabhängig von der Beurteilungsform in Klasse 2 möglich sein müsste. Wir wollten nämlich gerne wissen, wie wohl ein Notenzeugnis eines „guten" und eines „nicht so guten" Schülers aussehen würde.

Wie sieht das Notenzeugnis eines „guten" und eines „nicht so guten" Schülers aus?

Fast alle Kinder beschrieben ohne Mühe das Notenzeugnis eines „guten" und eines „nicht so guten" Schülers. Natürlich stehen in dem Notenzeugnis eines „guten" Schülers vor allem 1 und 2, wobei die Jungen angaben, dass durchaus auch einmal eine 3 zu finden sein kann. Insgesamt zeigten sich keine Unterschiede in Abhängigkeit von der Beurteilungsform in Klasse 2. Bei der Beschreibung des Notenzeugnisses eines „nicht so guten" Schülers nannten häufiger die Kinder mit eigener Notenerfahrung die 3. Dies könnte damit zusammenhängen, dass die Kinder die 3 zunächst als eine eher dem nicht so guten Pol der Skala zugehörige Note erleben. Ansonsten dominieren in Bezug auf das „nicht so gute Notenzeugnis" mit je 60% die Nennungen von 5 und 6.

Was steht in der Verbalbeurteilung eines „guten" und eines „nicht so guten" Schülers?

Drei Viertel der zu Beginn von Klasse 2 befragten Kinder äußerten Vorstellungen zum Inhalt der verbalen Beurteilung eines „guten" Schülers und 82% zu der eines „nicht so guten". In der verbalen Beurteilung eines guten Schülers finden sich vor allem positive Aussagen, die sich überwiegend auf Leistung und Lernen, aber auch auf das Arbeitsverhalten beziehen: „Dann würde sie schreiben, dass das Kind sehr gut ist, aufpasst und die Mitarbeit der Lehrerin gefällt." Bei den Inhaltsangaben für einen „nicht so guten" Schüler überwiegt die negativ getönte Beschreibungen des Arbeitsverhaltens („Dass er nicht aufmerksam ist und immer Blödsinn macht." - „Er quatscht mit seinem Nachbarn und dann weiß er nicht so richtig, was er schreiben soll."). An zweiter Stelle fanden sich Aussagen zu einem defizitären Leistungsstand: „Er kann noch nicht so gut rechnen." Fast ein Drittel der Kinder meinte, das Zeugnis könne Hinweise für das folgende Schuljahr enthalten: „Du musst in der 2. Klasse mehr lernen und aufpassen." - „Du musst im nächsten Jahr noch ganz viel üben." Aber es fanden sich auch konkretere Vorschläge: „Bei Lesen: Er stockt manchmal. Er muss sich den Satz noch mal angucken und die Betonung." Kinder haben also gerade bei nicht so guten Schülern hohe Erwartungen an die förderdiagnostische Funktion des Zeugnisses.

Aus den Kinderantworten lässt sich herauslesen, welches Bild sie von einem guten und einem nicht so guten Schüler haben: Ein guter Schüler strengt sich an, kann alles, ist diszipliniert und kommt gut mit seinen Mitschülern aus. Ein schlechter Schüler passt zu wenig auf, hört nicht zu und stört den Unterricht. In diesen Vorstellungen finden sich die auf dieser Altersstufe üblichen Erklärungen für schulischen Erfolg und Misserfolg wider: Anstrengung und Können sind zentrale Kategorien der Kausalattribuierung (s. Kapitel 11).

„Erinnerst du dich noch an dein Zeugnis?"

Diese zu Beginn der zweiten Klasse gestellte Frage, bezogen auf das Endzeugnis der ersten Klasse (Verbalbeurteilung bei allen), bejahten von 313 Befragten mehr als drei Viertel der Kinder. Unter denjenigen, die angaben, sich nicht mehr erinnern zu können, waren signifikant mehr Kinder, die zum Befragungszeitpunkt am Beginn der zweiten Klasse bereits erste Erfahrungen mit Noten gemacht hatten (Diktate, Mathematikarbeiten etc.). Möglicherweise ist der Eindruck, den die Zensierung hinterlassen hat, so stark, dass die Erinnerung an das erhaltene Verbalzeugnis verblasst. Kinder, die von den Lehrerinnen dem unteren Leistungsdrittel ihrer Klasse zugeordnet wurden, erinnerten sich nicht so häufig an ihr Zeugnis. Dieser Befund hat möglicherweise eine selbstwertdienliche Funktion, so dass negative Dinge, die über die eigene Person ausgesagt werden, schneller vergessen bzw. verdrängt werden als positive.

Außerdem befragten wir die Kinder zum Inhalt ihrer Zeugnisse („Weißt du noch, was in deinem Zeugnis stand?"). Die Antworten wurden auf Tonband aufgezeichnet, transkribiert und ausgewertet. Die Inhaltsberichte analysierten wir hinsichtlich der positiven oder negativen Aussagen und der genannten erinnerten Bereiche. Es überwogen bei Weitem die positiven Erinnerungen an das erste Zeugnis: Mehr als drei Viertel der Kinder nannten erfreuliche Erinnerungen an die Bewertung. So wusste Nadine von ihrem ersten Zeugnis u.a. zu berichten, dass sie sich „richtig Mühe gegeben habe und gut mit dem Lineal arbeiten kann". Kevin erinnerte sich „da stand, dass ich schon ganz gut war, besonders beim Sport." Nur bei einem Zehntel der Kinder überwogen die negativen Erinnerungen an ihr Zeugnis: Nikolas beispielsweise fiel als Erstes ein, dass „ich oft mit meinem Nachbarn quatsche und dann nicht richtig weiß, was ich schreiben soll". Am häufigsten erinnerten sich die Kinder an Aussagen zu Leistungen in den Lernbereichen. So berichtete Laura: „Beim Schreiben stand da, dass ich gut war, und beim Lesen soll ich nicht immer das 'e' so betonen." In 21% der Erinnerungen ging es um das Arbeitsverhalten. Sabine erinnerte sich an die Aufforderung „beim Rechnen soll ich im nächsten Jahr noch mehr üben". Sozialverhalten kam in 10% der Aussagen vor. „Frau M. hat geschrieben", wusste Peter noch, „dass ich in den Pausen so wenig bei den Spielen der anderen Kinder mitmache". 8% der Schülerinnen und Schüler erinnerten sich an Eigenschaftszuschreibungen („dass ich immer so leise spreche").

Über zwei Drittel der Kinder erinnerten sich an fachübergreifende, ganz allgemeine Informationen. Klaus wusste beispielsweise noch, dass in seinem Zeugnis stand, er habe sich „richtig Mühe gegeben". Ullas Lehrerin schrieb, dass Ulla immer „so gute Einfälle hat". Aus dem Lernbereich Deutsch stammten 12% („dass ich schön schreiben kann") und aus dem Lernbereich Mathematik 10% („beim Rechnen muss ich noch viel üben") der Erinnerungen. Die anderen Lernbereiche wurden nur selten erwähnt. Prinzipiell entsprach die Rangreihe der von den Kindern erinnerten Bereiche der Gewichtung der Lernbereiche, welche die Lehrerinnen bei der Abfassung der Zeugnisse vornahmen (s. Kapitel 8).

Wie gut erinnern sich Kinder an ihre Verbalbeurteilung?

Wie oben festgestellt wurde, erinnerten sich über die Hälfte der Kinder an Aussagen in ihrem Zeugnis. Doch sind ihre Erinnerungen auch zutreffend? Um diese Frage zu prüfen, analysierten wir 47 Kinderinterviews aus drei Klassen, die bis einschließlich Klassenstufe 3 verbal beurteilt wurde, und glichen insgesamt 229 erinnerte Aussagen mit den realen Beurteilungstexten ab. Im Durchschnitt wurden zum Berichtszeugnis der 1. Klasse drei Aussagen verbalisiert, im folgenden Jahr rund fünf und für das Berichtszeugnis in Klassenstufe 3 sogar sieben. Laura erinnerte sich: „Da stand drin: Das Turnen macht mir sehr doll Spaß. Da war ich gut drin und da habe ich immer gut mitgemacht." Tatsächlich stand in der verbalen Beurteilung: „Laura hat im Turnen wenig Ausdauer. Sie ermüdet leicht, ist manchmal auch lustlos, obwohl sie sich beim Spielen und Turnen an den Geräten teilweise recht geschickt anstellt." Laura war allerdings die Ausnahme. Fast drei Viertel der Erinnerungen der Kinder erwiesen sich tatsächlich als einigermaßen zutreffend. Es wurden durchaus auch kritische Anmerkungen erinnert, vor allem von den Zweitklässlern („Na ja, ich halt die Spielregeln noch nicht ein" - „Ich soll noch ein bisschen Lesen üben"). Die Kinder der dritten und vierten Klasse erinnerten sich überwiegend nur an die positiven Beurteilungen. Erinnerungen wurden vor allem zu Lesen und Rechtschreiben, Mathematik und Sport („Sport ist aber auch was Schönes!") verbalisiert. Erstaunlicher Weise kommentierten die Kinder Nachfragen zu den Lernbereichen Musik, Bildende Kunst und Sachkunde im Allgemeinen mit: „Das hatten wir noch nicht" oder „Das bekommen wir erst noch." Erst am Beginn von Klasse 4 nahmen zumindest fünf der Befragten zur Kenntnis, dass diese Fächer existieren und auch Gegenstand der Berichtszeugnisse sind.

Die verbalisierten Erinnerungen ließen sich verschiedenen „Erinnerungsstilen" zuordnen.

In der Hälfte aller Erinnerungen wurden die in den Berichtszeugnissen enthaltenen Informationen in die Rubriken „gut" und „nicht so gut" übersetzt. So fasste die von Markus vorgenommene Einschätzung „Ich bin gut in Rechnen" folgenden Beurteilungstext zusammen: „In Mathematik war er sehr erfolgreich. Er besaß große Kenntnisse bei der Addition und Subtraktion im Zahlenbereich bis 100 und konnte sie sowohl bei normalen als auch sachbezogenen Aufgaben sicher anwenden. Die Multiplikation und Division beherrschte er gut. Selbst Text- und Sachaufgaben bereiteten ihm keine Schwierigkeiten." Die Kinder übertrugen dabei auch sehr diplomatisch formulierte Einschätzungen wie „Sie liest altersgemäße Texte langsam, aber sinnentnehmend vor" in die Kategorien „gut" bzw. „nicht so gut": „Da stand, ich kann noch nicht so gut lesen." Ebenso wurden in den Verbalbeurteilungen vorgenommene Einschränkungen der Einschätzungen „Wenn sie sich Mühe gibt, ist ihr Schriftbild gleichmäßig" reflektiert: „Handschrift? - Da bin ich so mittel."

Knapp ein Viertel der Äußerungen waren mit einer persönlichen Stellungnahme verknüpft und verdeutlichten, dass sich die Kinder mit der Aussage des Zeugnisses auseinandergesetzt hatten. So meinte Marie: „Ich habe immer viel gequatscht mit Tina, meiner besten Freundin, die neben mir sitzt. Wir sollen ruhiger arbeiten". Im Zeugnis stand: „Marie lässt sich oft von ihren Tischnachbarinnen und -nachbarn ablenken und muss dann häufig zur Weiterarbeit aufgefordert werden." Karin fasste die Aussage „Sie beachtet zunehmend gelernte Rechtschreibregeln" dahingehend zusammen, dass sie „keine Fehler mehr machen soll."

Auch Lisa brachte die Ausführungen ihrer Lehrerin („Ihr Einsatz im Sportunterricht ist noch recht unterschiedlich. Oft bedarf sie der Ermunterung. Beim Lauftraining entwickelte sie Ausdauer und Durchhaltevermögen.") auf den Punkt: „Im Sport war ich früher immer faul - ich soll mich mehr bewegen beim Sport."

Bei etwa einem Fünftel der Äußerungen handelte es sich um eine sinngemäße oder (fast) wörtliche Wiedergabe der Aussagen der Lehrerin. Christian erinnerte sich „Da stand drin, dass man mit mir gerne spielt." („Er wird gerne als Spielpartner ausgewählt".). Peter erinnerte: „Ich lese sehr flüssig", geschrieben hatte die Lehrerin: „Er liest auch fremde Texte sinnerfassend und mit guter Betonung vor." Einer der Jungen zitierte: „Daniel ist ein lebhafter, fröhlicher und aufgeweckter Schüler." Auch Paul bemühte sich um ein korrektes Zitat: „Er ist quatscht und lenkt damit andere Kinder ab." („Er ist oft verquatscht und lenkt sich und andere ab.") Einige der Kinder griffen die von ihren Lehrerinnen verwendeten Begriffe auf, formulierten aber dann in der Ichform: „Meine Stärke ist das Rechnen." („Seine besondere Stärke liegt beim Rechnen.") oder „Im Lesen habe ich Schwierigkeiten im Zusammenziehen." („Er beherrscht die Buchstaben und kann sie Lauten zuordnen, hat aber noch Schwierigkeiten beim Zusammenziehen derselben zu Wörtern").

Nur in 7% der Erinnerungen wurden die in den Zeugnistexten vorgenommenen Einschätzungen durch die Kinder relativiert oder aufgewertet. So schränkte Carla die Aussage „Alle unsere Diktate bewältigt sie ohne Fehler" ein: „Dass ich keine Fehler habe, stand da drinnen - na ja, einen habe ich schon mal." Hin und wieder wurden die Erinnerungen zwar etwas positiver formuliert als in den Texten, doch das letzte der Zitate ist dennoch eine Ausnahme: „Na, dass ich sehr begabt bin, stand da drin."

Im Erinnerungsverhalten der Kinder zeigte sich ein aufschlussreicher Geschlechtseffekt. Die Jungen erinnerten sich überzufällig häufig an ihr geschildertes Sozialverhalten („Es fällt mir schwer, anderen zuzuhören") oder Eigenschaftszuschreibungen im Zeugnis („Ich bin ein lebhafter, aufgeweckter Schüler"), wohingegen sie seltener als Mädchen über beschriebenes Arbeitsverhalten berichteten („Ich soll besser aufpassen.") Diese geschlechtsspezifischen Erinnerungen entsprachen nur bedingt den tatsächlichen Zeugnistexten. Hinsichtlich des quantitativen Umfangs verhielt es sich nämlich genau umgekehrt. Doch das Erinnerungsverhalten der Kinder scheint offenbar von der persönlichen Relevanz der in den jeweiligen Bereichen angesprochenen Aspekte beeinflusst zu werden. Wenn bei Jungen in den Verbalbeurteilungen das Sozialverhalten angesprochen wurde, dann handelte es sich deutlich häufiger als bei den Mädchen um kritische Anmerkungen, insbesondere hinsichtlich der Disziplin und Regeleinhaltung: „Leider ist er nicht immer einordnungsbereit." Dies schlug sich auch in der Erklärung schulischer Misserfolge der Jungen nieder, denen implizit mitgeteilt wurde, dass sie könnten, wenn sie wollten („Seine Auffassungsgabe und sein Arbeitstempo verleiten ihn jedoch zu zeitweiliger Unaufmerksamkeit".) Es ist zu vermuten, dass die in den Texten dokumentierten Mängel im Verhalten im Weiteren auch von den Eltern hinsichtlich ihrer Auswirkungen auf die Schulleistungen thematisiert werden. Die subjektiv erlebte Bedeutung des Arbeitsverhaltens bei den Mädchen dagegen beruht vermutlich darauf, dass dieses sowohl hinsichtlich ihrer schulischen Erfolge als auch ihrer Misserfolge primär als Erklärungsfaktor herangezogen wurde („Die Schreibschrift gelingt ihr bei entsprechender Konzentration sorgfältig und formgenau.")

Wie gut ist die Erinnerung der Kinder an ihr Notenzeugnis?

Zu Beginn des neuen Schuljahres wurden die Kinder nach den Noten ihrer Endzeugnisse in Klasse 2 (98 Kinder) und in Klasse 3 (172 Kinder) befragt. Etwa ein Drittel der Zweitklässler und fast die Hälfte der Drittklässler meinte, sich an alle Zensuren ihres Zeugnisses erinnern zu können. Allerdings konnten tatsächlich nur ein Sechstel der Kinder alle Zensuren korrekt nennen. Gute Noten wurden am besten behalten: über drei Viertel der Kinder erinnerten sich korrekt an die Noten 1 und 2, fast eben so viele an die Note 3. Von den vergebenen Noten „ausreichend" wurden lediglich 40% erinnert. Da nur wenige Fünfen und Sechsen vergeben worden waren, kann man über die Erinnerung an diese keine verlässlichen Aussagen machen.

Die Zensuren in Mathematik wurden beim Zeugnis der dritten Klasse mit 92% richtig und am besten erinnert. Mit 85% korrekt erinnerter Noten folgten Lesen, Sport und Bildende Kunst. Am schlechtesten war die Erinnerung an „Texte verfassen" mit 66% richtiger Antworten. Damit stand das im Durchschnitt am schlechtesten zensierte Fach Mathematik (Noten-Mittelwert 2,3) an der Spitze der richtigen Erinnerungen, gefolgt von Lernbereichen wie Lesen, Sport und Bildender Kunst, die mit 1,8 bzw. 1,9 relativ gut zensiert wurden. Demnach scheinen sich die Kinder sowohl Zensuren der für wichtig gehaltenen als auch der gut zensierten Fächer besonders gut merken zu können. Für das Zeugnis der 2. Klasse erwiesen sich die Erinnerungen insgesamt zwar als etwas weniger exakt, der Trend für die unterschiedlichen Fächer war jedoch vergleichbar.

Insgesamt wurden 80% der Zensuren des Endzeugnisses der dritten Klasse korrekt erinnert. Die fälschlich nach oben und unten erinnerten Zensuren stellten sich als symmetrisch dar: um eine Notenstufe schlechter bzw. besser als auf dem Zeugnis wurden jeweils 9% der Noten erinnert. Um zwei Notenstufen schlechter oder besser als tatsächlich erhalten, wurde 1% der Zensuren erinnert.

Teilt man die Schülerinnen und Schüler nach ihren Zeugnisnoten in zwei Leistungsgruppen ein, zeigt sich ein bedeutsamer Unterschied in der Güte der Erinnerungen. Die leistungsstärkeren Kinder machten sich in ihrer Erinnerung leicht schlechter, die leistungsschwächeren werteten sich ein wenig auf, indem sie sich in der Erinnerung durchschnittlich etwas besser machten, als es das Zeugnis tatsächlich war. Zusammenfassend kann festgehalten werden, dass sich die Kinder erstaunlich gut an ihre Zeugniszensuren erinnern konnten. Mit zunehmendem Alter verbesserten sich ihre Erinnerungen nicht nur, sie wurden auch realistischer: In der 2. Klasse gab es in 70% der nicht ganz korrekten Rückerinnerungen leichte Überschätzungen, in der in 3. Klasse nur noch 56%.

„Wie gut hat dir dein Zeugnis gefallen?"

Auf die Frage nach dem Gefallen des Zeugnisses ergab sich für das erste Schuljahr eine eindeutige und überwältigend positive Antwort: 97% der Kinder gaben an, dass ihnen ihr erstes Zeugnis sehr gut oder gut gefallen habe. Mit den weiteren Schuljahren war eine stetige Abnahme der Kinder zu verzeichnen, die derartig positive Äußerungen über ihr Zeugnis machten.

Die Zahl derjenigen, die ein gutes oder sehr gutes Gefallen testierten, sank in der zweiten Klasse auf 88%, in der dritten Klasse auf 84%. In der vierten Klasse berichteten noch 82%, und in der fünften Klasse 53%, dass ihnen ihr Zeugnis sehr gut oder gut gefallen hat. Entsprechend gefiel keinem der Kinder eines der ersten beiden Jahresendzeugnisse „schlecht", wohingegen der Anteil derjenigen, die angeben, ihr Zeugnis habe ihnen „nicht so gut" bzw. „schlecht" gefallen, von Klasse 3 (5%) bis hin zu Klasse 5 (15%) zunahm.

Obwohl die Mädchen außer in Klasse 3 einen signifikant besseren Zensurendurchschnitt der Hauptfächer aufwiesen als die Jungen, gefielen ihnen ihre Zeugnisse nicht besser. Erwartungsgemäß zeigte jedoch die nach Lehrerurteil leistungsstärkste Gruppe ein größeres Gefallen an ihren Zeugnissen. Zwischen Leistungsangst und dem Gefallen am eigenen Zeugnis bestand ein negativer Zusammenhang: Kindern, die viel Leistungsangst angaben, gefiel das Zeugnis schlechter als denen, die wenig Leistungsangst erlebten. Diese leistungsängstlicheren Kinder hatten auch ein schlechteres Zeugnis (Durchschnittszensur) und wurden schon zu Beginn der zweiten Klasse von ihren Lehrerinnen als weniger leistungsfähig eingestuft. Leistungsschwächere Schülerinnen und Schüler gaben demnach mehr Leistungsangst an als leistungsstärkere. Dieser Effekt erwies sich als stabil: wer bereits in der zweiten Klasse der oberen Leistungsgruppe angehörte, berichtete bis zur 6. Klasse weniger Leistungsangst. Unsere Daten erlauben keine Aussagen über die Ursache.

„Wie gut war dein Zeugnis?"

Am Beginn der dritten Klasse (Einschätzung des Endzeugnisses der 2. Klasse), im zweiten Halbjahr der dritten Klasse (bezogen auf das Halbjahreszeugnis der 3. Klasse) und zu Beginn der vierten Klasse (bezogen auf das Endzeugnis der dritten Klasse) wurden die Kinder gefragt, wie sie die Güte ihres Zeugnisses beurteilten. Zwischen 60 und 70% der Kinder schätzten jeweils ihr Zeugnis als „sehr gut" oder „gut" ein, zwischen 25 und 30% der Kinder empfanden ihr Zeugnis jeweils „mittel", und nur jeweils 3 bis 4% schätzten es als „nicht so gut" bzw. „schlecht" ein. Die meisten Kinder bewerteten also ihr Zeugnis positiv. Von den wenigen, für die das nicht galt, hatte keines der befragten Kinder durchgehend eine negative Einschätzung des eigenen Zeugnisses abgegeben. Des Weiteren wurde deutlich, dass relativ wenige Kinder ihr Zeugnis jedes Mal gleich erlebten. Es ist zu vermuten, dass schon geringe Abweichungen zum vorhergehenden Zeugnis das Kind dazu veranlassen, das folgende Zeugnis nicht mehr als „gut" oder „mittel" zu empfinden.

Die leistungsängstlicheren Kinder gaben häufiger an, ihr Zeugnis sei nicht so gut, wohingegen die weniger leistungsängstlichen Kinder unter denjenigen waren, die ihr Zeugnis als besser bezeichnen. Auch hier lässt sich der von den Kindern empfundene Unterschied an der tatsächlichen Güte des Zeugnisses festmachen, d.h., dass die leistungsängstlicheren Kinder tatsächlich auch objektiv schlechtere Zeugnisse hatten.

„Stimmt es bzw. ist es gerecht, was im Zeugnis steht?"

Die befragten Schülerinnen und Schüler vertrauten dem Urteil ihrer Lehrerinnen in erstaunlich hoher Anzahl. Danach befragt, ob es stimme, was ihre Lehrerin im Zeugnis über sie schreibe, gaben von den Drittklässlern und Viertklässlern jeweils ca. 97% der Kinder an, dass es stimme bzw. „eher stimme", was ihre Lehrerin über sie in den Zeugnissen geschrieben hatte. Im 4. und 6. Schuljahr wurde den Kindern die Frage gestellt: „Ist das gerecht, wie Frau X dich einschätzt?". Von den Viertklässlern stimmten 95% dieser Frage bedingungslos oder mit leichter Einschränkung („eher ja") zu. Entsprechend gaben nur knapp 5% ein „eher Nein" bzw. „Nein" auf diese Frage hin an. Nicht überraschend fanden die leistungsbesseren sich häufiger gerecht beurteilt als die leistungsschwächeren Kinder. Auch das Zeugnis am Ende von Klasse 5 schätzten die meisten Kinder als gerechte Beurteilung ein. Wir fragten dabei getrennt nach den Zeugnisnoten und der allgemeinen Beurteilung, welche Aussagen über die Persönlichkeit des Schülers, seine Leistungsbereitschaft sowie seines sonstigen Verhaltens enthält. Interessanter Weise schätzten die Kinder Noten und Beurteilungstext als ebenso gerecht ein: Jeweils ca. 89% beantworteten die Fragen mit „Ja". Verständlicher Weise hielten Kinder, die einen besonders guten Notendurchschnitt der Hauptfächer hatten, sowohl die Noten als auch den Beurteilungstext häufiger für gerecht als diejenigen mit schlechteren Zeugniszensuren. Dies ist aus Sicht der schlechter beurteilten Kinder als eine selbstwertdienliche Einschätzung zu verstehen, dass man es für wenig gerecht hält, wenn man negativ bewertet wird.

„Wie wichtig ist dir, was im Zeugnis steht?"

Den Kindern war es nicht gleichgültig, was die Lehrerinnen und Lehrer im Zeugnis über sie aussagten: 88% der Drittklässler gaben an, es sei ihnen wichtig bzw. „eher wichtig", was ihre Lehrerin über sie schreibe, entsprechend waren es nur 12% der Kinder, die es als „eher nicht wichtig" oder „überhaupt nicht wichtig" einschätzten. Zu Beginn der sechsten Klasse war die Bedeutung des Lehrerurteils immer noch groß: 81% der Befragten hielten es für wichtig, wie die Lehrerin sie einschätzte. Dabei waren es hier die leistungsängstlichen Kinder, die das Urteil der Lehrerin für wichtiger einschätzten als diejenigen, die wenig Leistungsangst erkennen ließen.

Welche Bezugsnorm verwenden die Lehrerinnen und Lehrer - aus der Sicht der Kinder?

Den Kindern wurde in der dritten und vierten Klasse folgende Frage gestellt: „Was meinst du, wovon Frau X bei der Bewertung deiner Leistung ausgeht?" Dabei gaben wir Antwortmöglichkeiten vor, die in der Reihenfolge variiert wurden: „Wie gut du im Vergleich mit den anderen Kindern deiner Klasse bist? - Ob du besser oder schlechter geworden bist? - Was du von dem kannst, was du können musst?"

Jeweils etwas mehr als die Hälfte der Dritt- und Viertklässler meinten, dass die Lehrkräfte von der sachorientierten Bezugsnorm ausgehen („was du von dem kannst, was du können musst"). Ungefähr 40% entschieden sich für die individuelle Bezugsnorm („ob du besser oder schlechter geworden bist"). Lediglich ca. 10% der Kinder glaubten, dass soziale Bezugsnormen verwendet werden („wie gut du im Vergleich mit den anderen Kindern deiner Klasse bist"). Aus kindlicher Sicht hat demnach das Zeugnis primär keine sozial vergleichende Funktion, sondern wird eher als sachorientiertes und individuelles Informationsmittel gesehen.

Werden Zeugnisse von den Kindern verglichen?

In der 6. Klasse wurde mit zwei Fragen die kindliche Bezugsnormorientierung erfragt:

- „Vergleichst du dein Zeugnis mit dem anderer Schülerinnen und Schüler?"
- „Vergleichst du dein Zeugnis mit deinen Zeugnissen, die du früher bekommen hast?"

Fast alle der annähernd 600 Befragten (85%) gaben an, ihr Zeugnis mit früheren eigenen Zeugnissen zu vergleichen. Hierbei handelte es sich vermehrt um Kinder, die von ihren Lehrerinnen für leistungsschwächer gehalten wurden, sowie um Mädchen, obwohl diese die besseren Zeugnisse erhielten. Etwa drei Viertel der Kinder bekundeten, ihr Zeugnis mit anderen Kinder zu vergleichen, und zwar handelte es sich hier vorwiegend um solche, die einen besonders guten Notendurchschnitt aufwiesen und auf Grund ihrer Leistungen einen Vergleich nicht zu scheuen brauchten. Interessant wäre es zu erfahren, wer sich mit wem vergleicht: ob dabei auch darauf geachtet wird, dass man möglichst „gut" dabei wegkommt, das heißt, eher einen Vergleich sucht, bei dem man positiv dasteht, als dass man sich einem Wettbewerb mit eindeutig überlegenen Klassenkameraden stellt. Wer eher schlechtere Zensuren auf dem Zeugnis fand, vermied in selbstwertschonender Art lieber den direkten Vergleich mit den Klassenkameraden und verglich sich lieber mit sich selbst als mit anderen, von denen er weiß, dass sie meistens bessere Zensuren einheimsen als man selbst. Interessanter Weise gehörten zu dieser vorsichtigen Gruppe, wie bereits angemerkt, auch mehr Mädchen als Jungen, obwohl sie von den Leistungen und Zensuren her den Vergleich mit Jungen ja gar nicht zu scheuen bräuchten. Das „schwache" Geschlecht zeichnete sich hier durch Bescheidenheit aus.

Generell widerlegt dieser Befund die Annahme, dass die Kinder sich ausschließlich und anhand von Noten mit ihren Mitschülerinnen und Mitschülern messen wollen.

Abschließende Bemerkungen

Insgesamt geht aus den Zeugnisinterviews hervor, dass die Kinder zu ihren Zeugnissen eine positive Einstellung haben, die sich mit zunehmenden Schuljahren nur leicht verschlechtert. Fast allen Kindern gefiel das erste Zeugnis gut bis sehr gut. Bis zur fünften Klasse sank diese Zahl auf ca. 50%. Noch in der dritten und vierten Klasse empfanden es die Kinder in großem Maße als stimmig, was die Lehrkraft über sie im Zeugnis schrieb. Auch von der Gerechtigkeit und Wichtigkeit dessen, was das Zeugnis über sie aussagte, waren mit um jeweils ca. 90% in der dritten und vierten Klasse fast alle überzeugt. Zu Beginn der 6. Klasse ein weiteres Mal danach befragt, wurden diese Überzeugungen etwas geringer, fielen aber nicht unter 80% Zustimmung.

Unsere Befragung ergab, nicht unbedingt überraschend, dass es Kindern zweifellos leichter fällt, sich spontan an eine Ziffer (90% erinnerten mindestens eine Note) als an eine verbale Einschätzung zu erinnern (je nach Klassenstufe zwischen 50 und 60%). Doch wenn sie Angaben zu einzelnen Passagen ihrer verbalen Beurteilung machten, erwiesen sich diese zu 80% als zutreffend. Dies widerlegt die Annahme, dass Kinder die verbalen Beurteilungen nicht verstehen, sie „nichts davon haben".

Die subjektive Bedeutsamkeit des ersten Zeugnisses, der verbalen Beurteilung, ist für die Kinder sehr hoch. Insgesamt zeigte sich, dass Kinder ihre verbalen Beurteilungen bewusst wahrnehmen. Sie erfassen, wenn auch selektiv, für sie relevante Aspekte ihrer Verbalbeurteilung und sie setzen sich mit ihnen auseinander. Da Kinder den Berichtszeugnissen eine hohe Akzeptanz entgegenbringen, ist es besonders wichtig für Lehrende, sich um Stimmigkeit und Verständlichkeit der Texte zu bemühen.

6. Welche Zeugnisarten wünschen sich Schülerinnen und Schüler für ihre Grundschulzeit?

von Kerstin Darge, Gudula Ostrop und Renate Valtin

Da wir der Meinung sind, auch Kinder sollten bei der Entscheidung über Arten von Zeugnissen zu Gehör kommen, haben wir Kinder zweimal - in einem Gespräch zu Beginn der zweiten Klasse und in einer schriftlichen Befragung in der sechsten Klasse der Grundschule - gefragt, welche Zeugnisform sie sich wünschen.

Zeugniswünsche der Zweitklässler

Zu Beginn der zweiten Klasse, als alle befragten 326 Kinder bereits ihr erstes Zeugnis in Form einer verbalen Beurteilung erhalten hatten, wurden ihnen in einem Einzelinterview unter anderem die Fragen gestellt:

- „Welches Zeugnis findest du besser, Notenzeugnis oder verbale Beurteilung?"
- „Stell dir mal vor, du warst im letzten Schuljahr ein/e besonders gute/r Schüler/in. Welches Zeugnis findest du dann besser?"

Tab. 1: Zeugniswünsche von Kindern zu Beginn der zweiten Klasse (Angaben in %)

	Welches Zeugnis findest du besser?	Welches Zeugnis findest du für einen guten Schüler/eine gute Schülerin besser?	Welches Zeugnis findest du für einen schlechten Schüler/eine schlechte Schülerin besser?
Verbale Beurteilung	52	39	67
Notenzeugnis	48	61	33

Wie aus Tabelle 1 hervorgeht, waren die Meinungen der Kinder zur ersten Frage gespalten. Je zur Hälfte fanden sie entweder ein Notenzeugnis oder eine verbale Beurteilung besser - und dies, obwohl fast alle Kinder mit ihrem ersten Berichtszeugnis sehr zufrieden waren, wie die im vorigen Kapitel dargestellten Ergebnisse belegen. Da ein Drittel der befragten Kinder inzwischen Noten erhielten und bereits erste Erfahrungen mit der Zensierung (beispielsweise bei Diktaten oder Mathematikarbeiten) sammeln konnten, ist es interessant, dass es gerade diese „Notenerfahrenen" waren, welche ein Notenzeugnis besser fanden als diejenigen, die überhaupt noch nicht selbst mit Noten konfrontiert worden waren.

Begründet wurde die Wahl einer der beiden Zeugnisformen von 43% der Kinder mit emotionalen Argumenten. Sabina erklärte ihre Bevorzugung des Zensurenzeugnisses so: "Weil ich das lieber mag mit Zahlen." Thorsten hingegen fand: "Das sieht so schön aus, wenn da ein Text steht." Die Informationen, die ein Zeugnis enthält, bewog ein Drittel der Kinder zu der Aussage, einen Zeugnistyp als besser zu empfinden. So argumentierte Annika für eine verbale Beurteilung mit der Begründung: "Da kann man lesen, was ich schon alles kann und was ich alles noch nicht so gut kann." Florian hingegen wünschte sich ein Notenzeugnis, weil „... man weiß, wenn man eine Eins hat, dass man wirklich gut ist, und wenn man eine Vier hat, dass man noch üben muss.". Des Weiteren war die Form des Zeugnisses für 25% der Kinder Ausschlag gebend für ihre Zeugniswahl. Stefan beispielsweise wünschte sich ein Notenzeugnis, weil „... da Zahlen drauf sind und ich nicht so viel lesen muss". Gerade aber der Text war es, den Oliver positiv an einer verbalen Beurteilung hervorhob: „... man kann etwas lesen und da steht auch viel mehr drin."

Danach gefragt, welche Zeugnisform (verbale Beurteilung oder Ziffernzeugnis) sich die Kinder wünschen, wenn sie sich vorstellten, ein besonders guter Schüler zu sein, entschieden sich 39% für die verbale Beurteilung und 61% für ein Notenzeugnis. Genau umgekehrt fiel die Zeugniswahl allerdings aus, wenn sich die Schüler vorstellten, ein besonders schlechter Schüler zu sein: 67% entschieden sich dann für eine verbale Beurteilung und nur 33% für ein Notenzeugnis. Vermutlich berücksichtigten sie, dass ein schwacher Schüler mehr Grund hat, Noten zu fürchten.

Aus diesen Ergebnissen geht hervor, dass selbst Zweitklässler differenzierte Vorstellungen in Bezug auf Zeugniswünsche haben. Sie orientieren sich dabei vor allem an den Vorzügen guter Noten für die guten Schüler und den Schrecken schlechter Noten für die schlechten Schüler.

Zeugniswünsche der Sechstklässler

Am Ende der (in Berlin sechsjährigen) Grundschulzeit wurden annähernd 500 Schülerinnen und Schüler in einer schriftlichen Erhebung die Frage vorgelegt: „Wenn du noch einmal von der 1. bis zur 6. Klasse in die Grundschule gehen könntest, welche Beurteilungsform würdest du dir in welcher Klasse wünschen?" Dabei konnten sie als Antwort zwischen mehreren vorgegebenen Möglichkeiten wählen (vgl. Tabelle 2).

Tab. 2: Präferenz von Formen der Leistungsbeurteilung (Angaben in %)

	Verbale Beurteilung	Zeugnis mit Noten	Zeugnis mit Noten u. Kommentar	Zeugnis mit Noten u. kurzer allg. Beurteilung	Gespräch mit Lehrer und Eltern	Gespräch mit Lehrer, Eltern, Schüler
1. Klasse	37	14	15	22	4	9
2. Klasse	24	14	21	35	3	3
3. Klasse	7	18	28	44	1	2
4. Klasse	3	18	32	45	1	1
5. Klasse	1	21	27	47	1	2
6. Klasse	2	21	24	46	0,2	7

Aus den Zahlen der Tabelle geht hervor:

- Nur für die ersten beiden Schuljahre findet die verbale Beurteilung nennenswerte Anhänger.
- Von der dritten Klasse an wünschen sich mehr Kinder ein Notenzeugnis als eine Verbalbeurteilung - allerdings sind es nur etwa ein Fünftel der Kinder, die sich ein Zeugnis ausschließlich mit Noten wünschen.
- Vom 2. Schuljahr an votieren die meisten der Befragten für ein Zeugnis mit Noten und kurzer allgemeiner Beurteilung.
- Ebenfalls hoch in der Gunst der Kinder steht das Zeugnis mit Noten und Kommentar.
- Wenn überhaupt Gespräche zwischen Eltern und Lehrern als Ersatz für das Zeugnis gewünscht wird, dann vor allem unter der Bedingung, dass dies gemeinsam mit dem „Betroffenen", dem Kind, geschieht.

Aus diesen Zeugniswünschen ist ersichtlich, dass sich Kinder eine klare, deutliche Leistungsrückmeldung in Form von Ziffern wünschen, allerdings verbunden mit weiteren Informationen und Erläuterungen in verbaler Form (Beurteilungen oder Kommentare).

Etwa 40% der befragten Schülerinnen und Schüler wählten jeweils für alle Schuljahre dieselbe Zeugnisart, über die Hälfte traf hier jedoch Unterscheidungen. Aus unserer Studie ergaben sich einige Aufschlüsse darüber, welche Schülergruppen besondere Zeugniswünsche hatten. Bedeutsam waren:

- *Länge der Erfahrungen mit einer Beurteilungsform.* Für den Zeugniswunsch für Klasse 2 und 3 gilt, dass die Kinder, die länger eine verbale Beurteilung erhalten, sich rückblickend häufiger für die Klassenstufen 2 und 3 auch eine verbale Beurteilung wünschten. Umgekehrt sah es für die Kinder mit früher Notenerfahrung aus: sie wünschten für die genannten Klassenstufen weniger verbale Beurteilungen und entsprechend mehr Zeugnisse mit Noten.

- *Herkunft.* In der zweiten Klasse entschieden sich doppelt so viele Westberliner wie Ostberliner Schülerinnen und Schüler für die verbale Beurteilung. Dies entspricht auch den Ergebnissen unserer Elternbefragung.
- *Abhängigkeit vom Leistungsstand.* Während die Zweitklässler für einen schlechten Schüler häufiger eine verbale Beurteilung besser fanden als für einen guten Schüler, ist bei den Sechstklässlern diese „Schonung" vor einem Notenzeugnis nicht mehr auffindbar. Berücksichtigt man die Noten in den Hauptfächern Mathematik und Deutsch im ersten Halbjahr der 6. Klasse, so zeigt sich: In den ersten Grundschulklassen wünschten sich die leistungsschwächeren Schüler eher als ihre leistungsstärkeren Mitschüler ein „reines" Notenzeugnis. Letztere sprachen sich häufiger für die verbale Beurteilung aus. Ebenfalls gab es Unterschiede in den Zeugniswünschen für das 4. Schuljahr. Die leistungsschwächeren Schüler (Notendurchschnitt = 3,0) sprachen sich im Vergleich zu den leistungsstärkeren Schülern (Notendurchschnitt von (2,6) eher für ein „reines" Notenzeugnis aus. Die besseren Schüler wollten zwar ebenfalls ihre Leistungen in Form von Noten dokumentiert sehen, jedoch zusätzlich mit einer kurzen allgemeinen Beurteilung versehen. Entsprechend unterschieden sich Schülerinnen und Schüler mit unterschiedlichen Grundschulempfehlungen.
- *Art der Grundschulempfehlung am Ende von Klasse 6.* Für die erste Klasse wünschten sich mehr Schülerinnen und Schüler mit einer Gymnasialempfehlung (49%) als mit einer Hauptschulempfehlung (14%) eine verbale Beurteilung als Zeugnisform. Dementsprechend sprachen sich mehr Schülerinnen und Schüler mit einer Hauptschulempfehlung (27%) als mit einer Gymnasialempfehlung (19%) für ein Notenzeugnis aus. Auch für die zweite Klasse zeigte sich dieser Trend.
Für die vierte, fünfte und sechste Klasse verlor die verbale Beurteilung insgesamt an Bedeutung. Es blieb jedoch jeweils der Unterschied bestehen, dass mehr Schülerinnen und Schüler mit einer Hauptschulempfehlung sich Notenzeugnisse wünschten als jene mit einer Empfehlung für das Gymnasium oder die Realschule.

Interessieren sich die Kinder für den Beurteilungstext im Zeugnis?

Laut Berliner Schulgesetz enthält das Notenzeugnis eine allgemeine Beurteilung als obligatorischen Bestandteil, in dem Aussagen über die Persönlichkeit des Schülers, seine Leistungsbereitschaft sowie sein sonstige Verhalten stehen sollen. Interessieren sich die Schülerinnen und Schüler überhaupt dafür?

Die Sechstklässler wurden in einem Fragebogen auch danach gefragt, welcher Teil des letzten Zeugnisses sie am meisten interessiert habe: die Noten, der Beurteilungstext oder beides. Über die Hälfte gab an, beides habe sie gleichermaßen interessiert, 40% meinten, die Noten seien am interessantesten, und nur eine kleine Minderheit von 5% sprach sich für den Beurteilungstext aus. Ferner wurde danach gefragt, welche Form der Beurteilung besser in der Lage sei, Leistung, Lernfortschritte und Verhalten wiederzugeben - die Noten oder der Beurteilungstext. Die Ergebnisse sind der Tabelle 3 zu entnehmen.

Tab. 3: Welche Beurteilungsform kann besser Leistung, Lernfortschritte bzw. Verhalten wiedergeben? (N = 540, Angaben in %)

	Welche Form der Beurteilung kann besser deine Leistung wiedergeben?	Welche Form der Beurteilung kann besser Lernfortschritte wiedergeben?	Welche Form der Beurteilung kann besser dein Benehmen/ Verhalten wiedergeben?
Beurteilungstext	26	45	90
Zeugnisnoten	75	55	10

Drei Viertel der Kinder waren der Meinung, ein Zensurenzeugnis könne besser ihre Leistung wiedergeben als ein Beurteilungstext. Besonders von der Güte der Zensuren als Leistungsbeschreibung überzeugt waren diejenigen, die sich durch einen guten Zensurendurchschnitt in den Hauptfächern auszeichneten. Diejenigen, die bei den Zeugnissen schlechter abschnitten, gaben signifikant häufiger an, dass es der Beurteilungstext sei, der ihre Leistungen besser abbilden könne.

Bei wiederzugebenden Lernfortschritten traute dies nur ca. die Hälfte der Befragten dem Zensurenzeugnis zu, annähernd genau so viele Kinder hielten hier den Beurteilungstext für geeigneter. Hier war es so, dass die Kinder mit schlechteren Zeugnissen den Noten mehr zutrauten, wohingegen diejenigen mit einem besseren Zensurendurchschnitt bei den Lernfortschritten signifikant mehr vom Beurteilungstext überzeugt waren. Eine große Mehrheit der Befragten (90%) war sich sicher, dass ein Beurteilungstext besser über Benehmen und Verhalten informiere als Zeugnisnoten. Hinter dieser Zahl verbargen sich häufiger Kinder, die gute Zensurendurchschnitte in den Hauptfächern vorweisen konnten. Sie waren häufiger der Meinung, dass es nicht die Zensuren seien, denen sie Auskünfte über ihr Benehmen und Verhalten entnehmen können. Kinder mit mittlerem bis schlechtem Zensurendurchschnitt hielten hingegen signifikant häufiger die Zensuren für besser geeignet, ihr Verhalten abzubilden.

Abschließende Bemerkungen

Unsere Ergebnisse liegen auf einer Linie mit einer Befragung von Sekundarschülerinnen und -schülern aus Hamburg (Beutel u.a. 2000). Wenn sie selbst wählen könnten - so der Befund - würden sich etwa (und nur) 8% für ein Berichtszeugnis entscheiden. Das reine Notenzeugnis wünschten sich 40% (auch in unserer Studie deutete sich an, dass mit der Länge der Schulzeit der Wunsch nach einem Notenzeugnis ansteigt), und etwa die Hälfte sprach sich für ein Notenzeugnis mit Kommentarbogen aus. Interessanter Weise sprachen sich an den Haupt- und Realschulen sogar eine Mehrheit für das reine Notenzeugnis aus. Dies entspricht unserer Studie, in der Schülerinnen und Schüler mit Hauptschulempfehlung auf allen Klassenstufen die größte Anzahl der Befürworter für ein reines Notenzeugnis stellte. Auch Schüler und Schülerinnen mit längerer Notenerfahrung wünschten sich häufiger ein Notenzeugnis als diejenigen mit längerer verbaler Beurteilung. Aus der Sicht der Gegner von Notenzeugnissen mutet dieses Ergebnis merkwürdig an: Die Schülerinnen und Schüler, die wegen vermutlich schlechter Zensuren am meisten ein Notenzeugnis zu befürchten hätten, sind die überzeugtesten Anhänger. Allerdings trifft dies nur für die Kinder der höheren Klassen zu. Im zweiten Schuljahr war die Mehrzahl der Kinder noch der Meinung, für einen schlechten Schüler sei eine verbale Beurteilung wünschenswerter. Mit zunehmendem Alter scheinen sich die Betroffenen an das angepasst zu haben, was die Schule von ihnen fordert. So verweist Hildebrand-Nilshon (1980) in seiner Studie über Schulleistungen und Schullaufbahnperspektiven auf die enge Beziehung zwischen institutionellen Bedingungen und Schülererwartungen, in denen diese verinnerlicht sind. Auch die in Berlin befragten Sechstklässler haben die Bewertungsformen, die sie im Laufe ihrer Schulzeit kennen gelernt haben, akzeptiert, sich mit ihnen arrangiert oder sich schlicht mit ihnen abgefunden.

Grundsätzlich ist an dieser Stelle festzuhalten, dass sich Kinder keinesfalls immer nur Noten wünschen, wie häufig behauptet wird. Damit muss die Aussage „Kinder wollen Noten" etwas differenzierter betrachtet werden: Kinder wünschen sich der Befragung zufolge kein reines Notenzeugnis, sondern für Klasse 1 und 2 eine verbale Beurteilung und von Klasse 3 an ein Zeugnis mit Noten und einer ausformulierten Beurteilung. Und: Kinder wünschen sich keine „Kopfnoten" - sie sind mehrheitlich der Ansicht, dass ihr Verhalten und Benehmen besser durch einen Beurteilungstext beschrieben werden könne als durch eine Zensur.

7. Eine Zwei ist eine Drei ist eine Vier

Oder: Sind Zensuren aus verschiedenen Klassen vergleichbar?

von Oliver Thiel und Renate Valtin

Notenzeugnisse und Zensuren erfreuen sich, wie auch unsere Befragungen von Kindern und Eltern ergaben, großer Beliebtheit und werden so gut wie gar nicht in ihrer Aussagekraft angezweifelt. Im Gegenteil: Eltern fühlen sich gut informiert über den Leistungsstand ihrer Kinder, die Schülerinnen und Schüler finden sich gerecht beurteilt - auch die mit einem schlechten Zeugnis.

Diese hohe Beliebtheit von Noten ist schwer nachvollziehbar angesichts der schon 1971 von Ingenkamp festgestellten „Fragwürdigkeit der Zensurengebung". So lautet der Titel seines Buchs, das inzwischen 9 Auflagen erreicht hat und ein pädagogischer Renner geworden ist. Seit Beginn der 70-er Jahre gerieten Zensuren zunehmend in die Kritik, wobei vor allem die ungenügende Messqualität als entscheidender Schwachpunkt herausgestellt wurde: die Subjektivität, die mangelnde Zuverlässigkeit und Gültigkeit. Zahlreiche empirische Untersuchungen belegten ebenfalls die fehlende Vergleichbarkeit von Noten, weil das Lehrerurteil am klasseninternen Maßstab orientiert ist.

Die Untersuchungen von Ingenkamp liegen mehr als 30 Jahre zurück. Es gibt jedoch kaum Anlass daran zu zweifeln, dass diese Ergebnisse auch heute noch gültig sind. Warum dann eine neue Untersuchung? Es gibt zwei gewichtige Gründe: erstens weil die Beliebtheit der fragwürdigen Noten nach wie vor ungebrochen ist und zweitens, weil Noten bei Ausleseentscheidungen eine wichtige Rolle spielen, sei es bei der Versetzung, beim Übergang auf weiterführende Schulen oder beim Numerus clausus.

Was sollen Noten aussagen?

Die Bestimmung dessen, was eine spezifische Note ausdrücken und wie viele Noten es überhaupt geben soll, hat eine wechselvolle Geschichte (vgl. dazu Ziegenspeck 1999, S. 73 ff.). In der alten BRD, in der auf Beschluss des Kultusministeriums (1954) eine einheitliche sechsstufige Notenskala eingeführt worden war, orientierte sich die Notenvergabe am Leistungsdurchschnitt der Klasse, wobei ein „Befriedigend" für durchschnittliche

Leistungen vorgesehen war. 1968 präzisierte die KMK die Bedeutung der Notenstufen und machte sie an den „Anforderungen" fest.

Die Note „sehr gut" soll erteilt werden, wenn die Leistung den Anforderungen in besonderem Maße entspricht. Entsprechend gilt für „gut" bzw. „befriedigend", wenn die Leistung den Anforderungen voll bzw. im Allgemeinen entspricht. Ein „ausreichend" soll erteilt werden, wenn die Leistung zwar Mängel aufweist, aber im Ganzen den Anforderungen noch entspricht. Wenn die Leistung den Anforderungen nicht entspricht, soll Note „mangelhaft" erteilt werden, sofern Grundkenntnisse vorhanden und die Mängel in absehbarer Zeit behoben werden können. Sind diese Bedingungen nicht erfüllt, ist ein „ungenügend" zu erteilen.

So erfreulich der Wechsel der Orientierung von der Durchschnittsleistung zu den Anforderungen ist, solange es in keinem Bundesland amtlich festgelegte und durch genaue Lernziele bestimmte Kriterien für diese Anforderungen gibt, solange hat die Lehrerin die Qual der Wahl bei einem verbindlichen Bezugspunkt, an dem die Leistungen der Schülerinnen und Schüler zu messen sind.

Zur Zensierungspraxis

In der folgenden Auswertung von Daten unserer Studie soll die Vergleichbarkeit von Noten aus unterschiedlichen Klassen im Mittelpunkt stehen. Wir fragen außerdem nach der Vergleichbarkeit von Noten verschiedener Fächer, von Noten derselben Fächer über verschiedene Schuljahre hinweg sowie von Noten von Mädchen und Jungen.

Die Vergleichbarkeit der Noten zwischen den Klassen maßen wir in Bezug auf die Leistungen in einem Schulleistungstest. Dies ist sicherlich nur ein grobes Maß. Aber wenn Noten an den Anforderungen eines Faches ausgerichtet sein sollen, ist zumindest zu erwarten, dass sich keine allzu großen Diskrepanzen zwischen den Leistungen in einem Schulleistungstest und den Noten bei Kindern verschiedener Klassen ergeben.

In der vorliegenden Auswertung wurden Kinder aus Klassen berücksichtigt, die vom zweiten Schuljahr an zu unterschiedlichen Zeitpunkten Notenzeugnisse erhielten. Für das zweite Schuljahr liegen die Zensuren von 176 Kindern vor, für das 3. bis 6. Schuljahr von ca. 600 bis 700 Schülerinnen und Schülern. Zum Ende jeden Schuljahres wurden Schulleistungstests durchgeführt, an denen sich zwischen 550 und 850 Kinder pro Klassenstufe beteiligten. Aus Platzgründen können nicht alle Ergebnisse dokumentiert werden. Es werden nur prägnante Beispiele herausgesucht.

Sind Noten verschiedener Fächer vergleichbar?

Bei einer objektiven Notengebung sollten die Zahlenwerte unabhängig von anderen Einflüssen allein nach Maßgabe der gefundenen Übereinstimmung zwischen den jeweiligen Schülerleistungen und den für jedes Fach spezifischen Anforderungen, wie sie im Lehrplan definiert sind, vergeben werden. Die Lehrpläne sollten für jedes Fach und jede Klassenstufe solche Anforderungen enthalten, die der „Durchschnittsschüler" ohne Über- oder Unterforderung erfüllen kann. Wären diese beiden Voraussetzungen erfüllt, müssten sich im Mittel über viele Schüler und Schülerinnen in jedem Fach die gleichen Durchschnittszensuren, ja sogar ähnliche Notenverteilungen ergeben. Tatsächlich zeigen jedoch viele ältere Untersuchungen (vgl. Ingenkamp 1995) erhebliche Unterschiede in den Notenverteilungen verschiedener Fächer, die sich auch in unseren Daten wieder finden lassen.

Die Verteilung der Zensuren verschiedener Fächer in den Klassen 2 bis 6 belegt deutlich, dass in verschiedenen Fächern unterschiedlich milde oder strenge Beurteilungskriterien gelten, dass also die Noten verschiedener Fächer nicht miteinander vergleichbar sind. Unsere Ergebnisse zu diesem Punkt bestätigen auch für das Ende des zwanzigsten Jahrhunderts, was eine Fülle von älteren Untersuchungen aus verschiedenen Ländern bereits gezeigt haben (vgl. die Zusammenfassung von Ingenkamp 1995): In den stark selektiven Hauptfächern (Deutsch, Mathematik, Fremdsprache) wird viel strenger zensiert als in den nicht selektiven Hauptfächern und den Nebenfächern. Am mildesten wird in musischen oder technischen Fächern (Sport, Bildende Kunst, Musik usw.) zensiert.

Von Klasse 3 an wurde in allen Klassenstufen in Rechtschreiben, gefolgt von Mathematik, am strengsten zensiert und am mildesten in Sport und Kunst. Die anderen Fächer rangierten zwischen diesen Extremen. Zum einen zeigt der Notendurchschnitt, der in Rechtschreiben in Klasse 3 um fast eine halbe, in Klasse 6 sogar um mehr als eine ganze Notenstufe gegenüber Kunst und Sport erhöht war, dass in Rechtschreiben und Mathematik mehr schlechtere Noten vergeben wurden. Zum anderen erkennt man aus der Standardabweichung, dass die Lehrer und Lehrerinnen in den Hauptfächern das Notenspektrum besser ausnutzten. Zur Illustration zeigt Abbildung 1 die unterschiedliche Verteilung der Zensuren für die Fächer Bildende Kunst und Rechtschreibung im 4. Schuljahr.

Betrachtet man die Verteilungen aller Zensuren, so weisen sie eine positive Schiefe auf, d.h. es werden mehr gute Zensuren vergeben, als es einer Normalverteilung mit gleichem Mittelwert und gleicher Standardabweichung entsprechen würde. Der in den meisten Fällen negative Exzess der Verteilungen belegt eine weit verbreitete „Tendenz zur Mitte" bei der Vergabe von Noten.

Abb. 1: Prozentualer Anteil der Notenstufen 1 bis 6 für Bildende Kunst und Rechtschreibung in Klasse 4

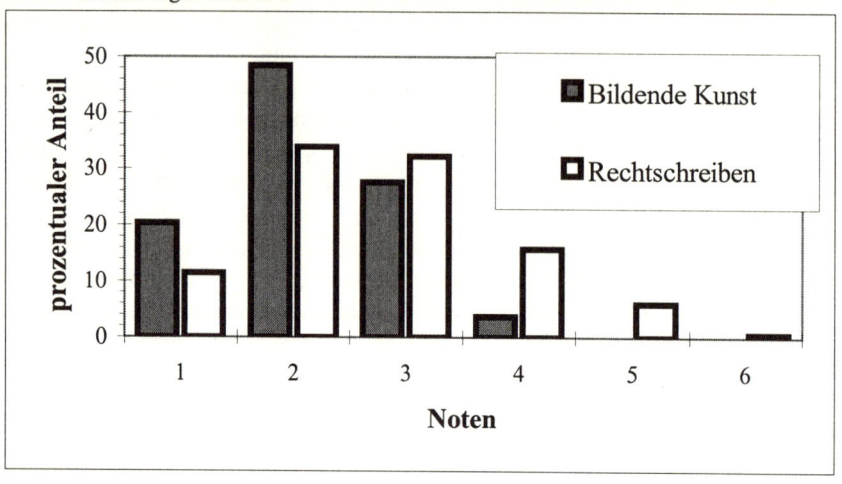

Sind Noten derselben Fächer über verschiedene Schuljahre hinweg vergleichbar?

Vergleicht man die Noten derselben Fächer über verschiedene Schuljahre, erkennt man, dass in den meisten Fächern mit steigender Klassenstufe strenger zensiert wurde. In Abbildung 2 ist dies graphisch dargestellt.

Abb. 2: Verlauf der Notenmittelwerte verschiedener Fächer über mehrere Schuljahre (Abkürzungen der Fächer: BK - Bildende Kunst, DE - Deutsch, LE - Lesen, MA - Mathematik, RS - Rechtschreiben, SK - Sachkunde, SP - Sport)

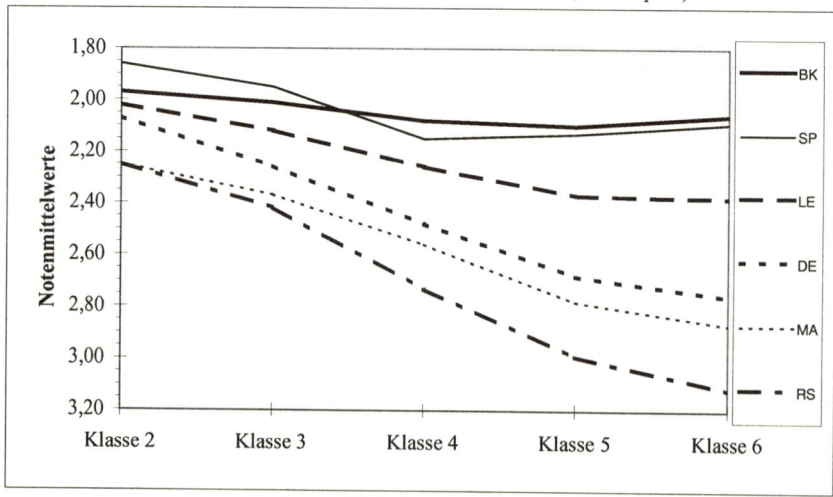

Mit zunehmender Klassenstufe wurden schlechtere Zensuren vergeben und das Notenspektrum gleichmäßiger ausgenutzt. Das deutlichste Absacken vom 2. bis zum 6. Schuljahr erfuhr die Rechtschreibzensur, wie Abbildung 3 verdeutlicht.

Abb. 3: Prozentualer Anteil der Noten im Fach Rechtschreibung in Klasse 2 und 6

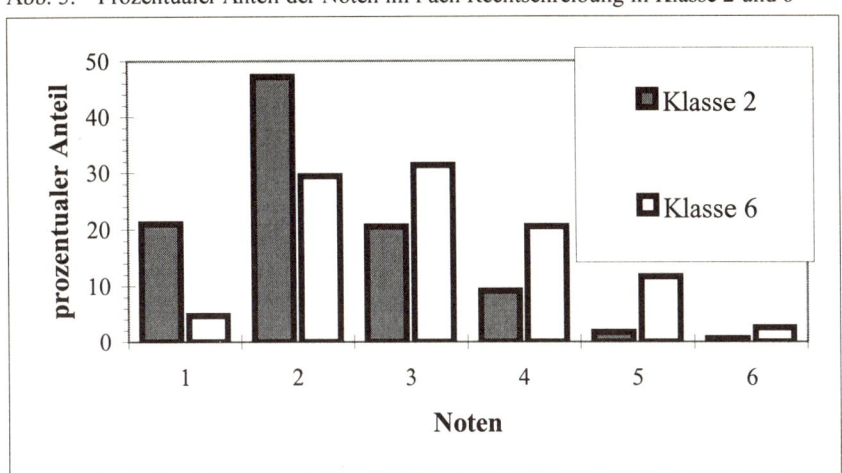

Werden Mädchen und Jungen vergleichbar zensiert?

Notengebung ist nur dann als gerecht zu bezeichnen, wenn keine leistungsfremden Schülermerkmale (wie z.B. die Zugehörigkeit zu einer bestimmten Gruppe) beim Zustandekommen der Zensuren eine Rolle spielen. Tatsächlich lässt sich jedoch mit unseren Daten nachweisen, dass vielfach das Geschlecht der Schülerinnen und Schüler einen bedeutsamen Einfluss auf ihre Noten hatte. In allen Schuljahren erhielten Mädchen in einzelnen Fächern signifikant bessere Noten, und zwar:

– in Klasse 2 in Musik, Kunst und Handschrift,
– in Klasse 3 in Rechtschreibung und Kunst,
– in Klasse 4 in Deutsch, Lesen, Texte verfassen, Rechtschreibung und Kunst,
– in Klasse 5 in Deutsch, mündlicher Sprachgebrauch, Lesen, Texte verfassen, Rechtschreibung, Geschichte, Biologie, Englisch und Kunst und
– in Klasse 6 in Deutsch, Lesen, Texte verfassen, Rechtschreibung, Biologie, Englisch und Kunst.

Die Jungen erreichten nur in Mathematik im 3. Schuljahr und in Sport im 4. Schuljahr bessere Zensuren als die Mädchen.

Wie lassen sich diese Bewertungsunterschiede erklären? An der allgemeinen Intelligenz kann es nicht liegen, denn die durchschnittlichen Intelligenzquotienten von Jungen und Mädchen waren in unserer Stichprobe gleich hoch. Sind diese besseren Zensuren durch bessere Schulleistungen abgedeckt? Als Maß für die Schulleistung standen uns nur die Ergebnisse verschiedener Schulleistungstests zur Verfügung. Und tatsächlich gab es bessere Ergebnisse in diesen Tests, und zwar

– bei den Mädchen im Rechtschreiben in Klasse 2, 3 und 6 sowie im Sprachverständnis in Klasse 6 und
– bei den Jungen in Mathematik in allen untersuchten Klassenstufen.

Die unterschiedliche Benotung von Jungen und Mädchen entsprach also z.T. Leistungsunterschieden, die auch bei objektiven Testverfahren zu Tage treten und auf unterschiedliche geschlechtsstereotype Interessen zurückgeführt werden können. Damit ist noch keine Erkenntnis über das Zensierungsverhalten der Lehrkräfte gewonnen. Wir haben deshalb auf statistischem Wege (über eine Regressionsberechnung) ermittelt, welche Noten auf Grund der Testergebnisse bei den Kindern zu erwarten wären und diese direkt mit den tatsächlichen Zensuren verglichen. Auf diesem Wege findet man, dass Mädchen in vielen Fällen bessere Zensuren als erwartet erhielten. Allerdings wurden die Unterschiede in unserer Stichprobe nur beim Lesen in Klasse 5 und 6 sowie beim Rechtschreiben in Klasse 5 statistisch bedeutsam.

Worauf diese unterschiedliche Beurteilung von Jungen und Mädchen zurückzuführen ist, kann mit unseren Daten nicht sicher erklärt werden. Offensichtlich berücksichtigen die Lehrer bei ihrer Notengebung auch (fach-)leistungsfremde Gesichtspunkte, z.B. dass die Mädchen sauberer schreiben. Die Mädchen erhielten nämlich bessere Noten für ihre Handschrift in Klasse 2 (von den folgenden Schuljahren liegen uns keine Zensuren zur Handschrift vor) und man findet in den einzelnen Klassen z.T. mittlere bis hohe Korrelationen zwischen der Zensur Handschrift im 2. Schuljahr und den Zensuren anderer Fächer (Rechtschreiben, aber auch Lesen, Mathematik und Sachkunde) in den verschiedenen Schuljahren. Beim Lesen ist auch noch zu bedenken, dass mit dem Schulleistungstest nur das Leseverständnis abgeprüft wurde, während in die Lesezensur auch die Leseflüssigkeit eingeht.

Sind Noten aus verschiedenen Schulklassen vergleichbar?

Wie z.B. schon Ingenkamp bemerkte, setzt man in unserem Jahrgangsklassensystem prinzipiell die Vergleichbarkeit der in verschiedenen Klassen des gleichen Jahrgangs erteilten Zensuren voraus und zieht ständig praktische Konsequenzen daraus, z.B. bei Schulübergangsbestimmungen oder bei Zulassungsbeschränkungen für bestimmte Studiengänge. Einige Untersuchungen (vgl. Ingenkamp 1995) belegen jedoch, dass diese Vergleichbarkeit in der Praxis keineswegs gegeben ist. Ingenkamp hat dazu 1969 eine Untersuchung vorgelegt, in der er in 37 6. Klassen der Berliner Grundschule die Noten mit den Ergebnissen in einem Rechentest verglich. Sein Ergebnis lautete: „In verschiedenen Klassen der gleichen Klassenstufe entsprechen der gleichen objektiv erfassbaren Leistung aber ganz unterschiedliche Zensuren. Ob Schüler eines bestimmten Leistungsniveaus eine II oder eine IV, ... eine I oder eine VI erhalten, hängt vor allem vom Zufall der Klassenzugehörigkeit ab" (Ingenkamp 1995). Dreißig Jahre später haben wir dies in ähnlicher Weise untersucht. Unsere Ergebnisse verdeutlichen wir am Beispiel der Mathematik im sechsten Schuljahr, da der dort verwendete Mathematiktest eine hohe Lehrplangültigkeit aufweist, wie uns Experten aus dem Berliner Institut für Lehrerbildung versicherten. Ähnliche Ergebnisse zeigten sich jedoch auch in Rechtschreiben und in den anderen Schuljahren. Der Übersichtlichkeit halber zeigen wir in Abbildung 4 nur die Ergebnisse von 12 der 34 untersuchten Klassen, die nach dem Mittelwert, den sie im Mathematik-Tests aus dem Hamburger Schulleistungstest erreicht haben, geordnet sind. Dabei zeigten sich große Unterschiede in den Verteilungen, z.B. erreichten fast alle Schülerinnen und Schüler[1] der besten Klasse (Rangplatz 34) bessere Ergebnisse als 75 Prozent der Schülerinnen und Schüler der Klasse mit Rangplatz 14 und alle Schülerinnen und Schüler der schlechtesten Klasse (Rangplatz 1, nicht dargestellt). Die Mittelwerte der drei schlechtesten Klassen sind etwa halb so groß wie in den drei besten Klassen.

Abb. 4: Box-Plot der Verteilungen der Rohwerte im SL-HAM 6/7, Testteil Mathematik getrennt für einzelne ausgewählte Klassen

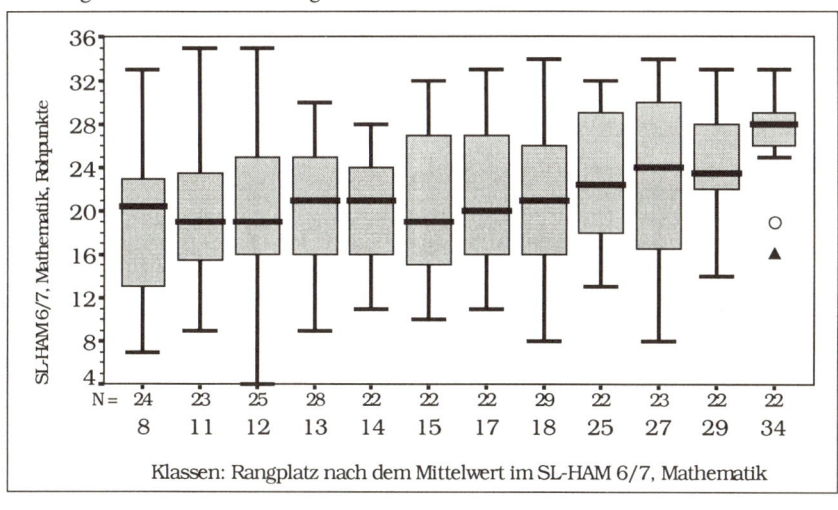

---

1 Die zwei Ausnahmen sind in der Grafik mit den Symbolen O und ▲ gekennzeichnet.

Im Box-Plot werden die Mediane, die Quartile sowie Extremwerte und Ausreißer angezeigt (vgl. Schlittgen 1998, S. 38-40).

Es ergaben sich also auffällige Leistungsunterschiede, die sich jedoch in den Zeugniszensuren nicht annähernd widerspiegeln. Tatsächlich waren die Notenverteilungen in der schlechtesten und der besten Klasse annähernd identisch. In der besten Klasse wurden folgende Noten vergeben: gut - 6-mal, befriedigend - 10-mal, ausreichend - 4-mal. In der schlechtesten Klasse wurde 7-mal ein Gut, 11-mal ein Befriedigend, dreimal ein Ausreichend und einmal ein Mangelhaft vergeben.

In der Gesamtstichprobe gab es keinen bedeutsamen Zusammenhang zwischen Note und Leistung im Mathematiktest. Das heißt: In verschiedenen Klassen entsprachen der gleichen Rechenzensur ganz verschiedene Mittelwerte im Schulleistungstest. In Klasse 15 hatten die Kinder mit der Mathematikzensur 4 z.B. einen Test-Mittelwert von 24,7 Rohpunkten. Das ist ein weitaus besseres Ergebnis als die Kinder aus Klasse 22, die nur 16,2 Punkte erreichten und eine 2 in Mathematik erhalten hatten.

Abbildung 5 verdeutlicht, dass den unterschiedlichen Zensuren in verschiedenen Klassen zum großen Teil ähnliche Ergebnisse im Mathematik-Test

Abb. 5: Verteilung der Rohwerte im SL-HAM 6/7, Testteil Mathematik für Kinder, die verschiedene Mathematikzensuren erhalten haben

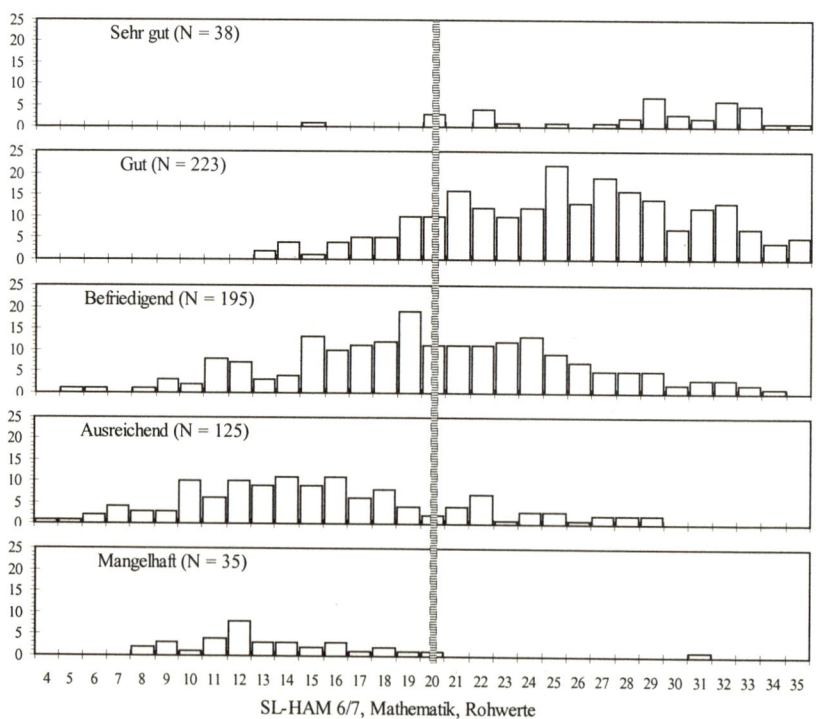

entsprechen. Alle mit 4 oder 5 beurteilten Schüler und Schülerinnen hätten in einer anderen Klasse auch eine 3, alle mit 1 beurteilten Kinder auch eine 2 erhalten können. Es gibt sogar Testrohwerte (15 und 20), die bei Kindern mit beliebigen Mathematikzensuren zwischen „Sehr gut" und „Mangelhaft" vorkommen.

Diese Daten belegen eindrucksvoll, dass die Klassenzugehörigkeit über die Notenvergabe entscheidet und Zensuren zwischen Klassen nicht vergleichbar sind, sofern man die Leistungen in einem Schulleistungstest als Maßstab heranzieht.

Sind Noten innerhalb einer Klasse und eines Faches vergleichbar?

Zusammenhänge zwischen Noten und Leistungen im Mathematik-Test bestehen jedoch innerhalb einer Klasse. Mit wenigen Ausnahmen haben in allen Klassen die Kinder mit der Note 2 den höchsten und die Kinder mit der Note 4 den niedrigsten Mittelwert im Test erzielt (Die Rangkorrelationen liegen in den einzelnen Klassen zwischen -0,50 und -0,88, was für eine gute empirische Gültigkeit des SL-HAM 6/7, Testteil Mathematik spricht und vermuten lässt, dass auf Klassenebene die Noten relativ gut mit den Testwerten übereinstimmen). Allerdings gab es auch innerhalb einer Klasse Schüler und Schülerinnen, die trotz gleicher Testleistung sehr verschiedene Zensuren erhielten. Das spricht dafür, dass auch innerhalb einer Klasse und eines Faches die Noten nicht unbedingt auf vergleichbare Schulleistungen verweisen, zumindest wie sie in einem Test erfasst werden.

Abschließende Bemerkungen

Die vorgelegten Ergebnisse liegen auf einer Linie mit zahlreichen Untersuchungen im In- und Ausland, welche die mangelnde Vergleichbarkeit von Noten dokumentieren:

– Noten verschiedener Fächer sind nicht vergleichbar, weil in verschiedenen Fächern unterschiedlich milde oder strenge Beurteilungskriterien gelten (vgl. Ingenkamp 1995, Ziegenspeck 1999). Über die Grundschulzeit hinweg gibt es eine recht stabile Rangreihe in den Durchschnittsnoten von leichten und schweren Fächern bzw. milder und strenger Zensierung: Bildende Kunst, Musik und Sport werden am mildesten, Mathematik und Rechtschreibung am strengsten benotet. Offenbar wird schon in der Grundschule nach Haupt- und Nebenfächern differenziert.

– Noten derselben Fächer sind über verschiedene Schuljahre hinweg nicht vergleichbar. Insbesondere wird mit steigender Klassenstufe strenger zensiert.

- Mädchen und Jungen werden unterschiedlich streng benotet. Diese Unterschiede bleiben auch bestehen, wenn man die z.T. unterschiedlichen Ergebnisse von Jungen und Mädchen in verschiedenen Schulleistungstests berücksichtigt. Es ist zu vermuten, dass bei Mädchen eher leistungsfremde Gesichtspunkte in die Beurteilung eingehen als bei Jungen (z.B. die Handschrift) und dass bei ihnen ihre stärkere Anpassung an schulische Normen, aber auch ihre größere Schulfreude bei der Notengebung eine Rolle spielen.

- Noten zwischen Klassen sind nicht vergleichbar, wenn man die in einem Schulleistungstest erzielten Leistungen zu Grunde legt. Per Test gemessene Leistungen erhalten je nach Klassenzugehörigkeit des Kindes andere Zensuren, weil trotz stark unterschiedlicher Leistungsniveaus verschiedener Klasse die Notenverteilung in allen Klassen in etwa vergleichbar ist. Die Klassenzugehörigkeit ist also entscheidender als die Testleistungen.

Bekanntlich zensieren auch unterschiedliche Lehrkräfte mit verschiedenartiger Milde oder Strenge, was ebenfalls die Vergleichbarkeit der Zensuren beeinträchtigt.

Dieser Beitrag ist kein Plädoyer dafür, sich bei der Notenvergabe allein auf die Ergebnisse von standardisierten Schulleistungstests zu beziehen. Da die Noten aber eine derart große Bedeutung für Ausleseentscheidungen haben, ist es wichtig, sich immer wieder vor Augen zu halten, dass Noten nur innerhalb einer Klasse - wenn überhaupt - auf Unterschiede zwischen Schülerinnen und Schüler Bezug nehmen und dass Aussagen über verschiedene Fächer und Klassen hinweg sich auf ganz verschiedenartige Maßstäbe beziehen. Dies mag für das unterrichtliche Handeln im Alltag hinnehmbar sein, wo Noten auch die pädagogische Funktion der Ermutigung, des Anspornens und der Anerkennung der Kinder haben. Sofern Noten aber als Leistungsmaßstab gesehen und Bedeutung für individuelle Bildungswege erlangen, ist es eine unhaltbare Situation, dass der Zufall der Klassenzugehörigkeit über die Zensur entscheidet.

Schon vor dreißig Jahren hat Ingenkamp gefordert, dass wir ein Korrektiv für das Lehrerurteil brauchen, das den Lehrkräften einen Vergleichsmaßstab über viele Klassen hinweg bietet. Diese Forderung ist nach wie vor gültig, aber nicht eingelöst.

8. Wie werden Berichtszeugnisse realisiert?

von Corinna Schmude

Die Einführung von Berichtszeugnissen war und ist mit der Intention verbunden, die ermutigende und förderdiagnostische Funktion von Leistungsrückmeldungen auf der Grundlage differenzierter Rückmeldungen über den individuellen Lernprozess zu stärken. In unserer Untersuchung fragten wir auch danach, inwieweit dies realisiert wird und analysierten zu diesem Zweck alle Schuljahresendzeugnisse aus Klassenstufe 2, die uns von den beteiligten Schulen zur Verfügung gestellt wurden. Die Texte wurden in den Computer eingegeben und mit der Methode der qualitativen Inhaltsanalyse ausgewertet. Dabei wurden folgende Kriterien beachtet, die wir als wichtig ansehen für eine an einem pädagogische Leistungsbegriff orientierte verbale Beurteilung:

– *die Differenziertheit der Rückmeldung:* Sie umfasst die Vielfalt der Aspekte bei der Beurteilung des kindlichen Lern- und Leistungsverhaltens sowie die Ausführlichkeit der Darstellung.

– *die Darstellung des individuellen Lernprozesses:* Kennzeichen dafür ist die Verwendung der individuellen Bezugsnorm als Beurteilungsmaßstab und die Wahl der prozessbezogenen Beschreibungen als Darstellungsform.

– *die Umsetzung der ermutigenden Funktion:* Sie wird realisiert durch die Anerkennung und Würdigung erbrachter Leistungen, erreichter Lernfortschritte und der damit verbundenen Anstrengungen.

– *die Umsetzung der förderdiagnostischen Funktion:* Sie erfolgt durch die differenzierte Beschreibung beobachteter Förderanlässe, die Reflexion über deren mögliche Ursachen sowie durch die Formulierung daraus abgeleiteter Maßnahmen für die Anregung weiterer Lernprozesse.

Gemeinsam mit Irina Würscher wurde in einem sich über zweieinhalb Jahre erstreckenden Prozess ein Kategoriensystem entwickelt, das in drei Bedeutungsebenen gegliedert und hierarchisch aufgebaut ist und mit Hilfe von rund 60 Kategorien eine detaillierte Erfassung der intentions- bzw. nichtintentionsgerechten Merkmale der Texte gestattet (vgl. Schmude 2001). Als Kodiereinheit diente die Aussage, die kleinste psychologisch relevante Analyseeinheit in Kommunikationsvorgängen.

Berichterstattung statt Ermutigung und Förderdiagnostik

Der formale und inhaltliche Aufbau der Texte erwies sich als recht einheitlich gegliedert in einzelne Beurteilungsbereiche und zeigte deutliche Parallelen zum Aufbau des klassischen Notenzeugnisses. Im Durchschnitt umfassten die Zeugnistexte ca. 270 Wörter. Dies entspricht in etwa einer halben DIN A 4-Seite in normaler Schriftgröße. Innerhalb eines Klassensatzes wiesen die Texte vergleichbare Längen auf, zwischen den betrachteten Klassen dagegen zeigten sich teilweise beträchtliche Variationen in der Länge der Beurteilungen (min. 149/max. 459 Wörter). Davon unberührt blieb der prinzipielle Aufbau der Texte (*Gesamteindruck, Sozialverhalten, Arbeitsverhalten, Deutsch, Mathematik, übrige Lernbereiche und sonstiges*) und die Gewichtung der thematisierten Bereiche: Der Schwerpunkt der Texte lag auf der Darstellung der Lernbereiche ‚Deutsch' und ‚Mathematik', gefolgt von Aussagen über das allgemeine Arbeitsverhalten und Ausführungen zum Sozialverhalten. Die übrigen Lernbereiche wurden mit wenigen Sätzen (ein bis vier) abgehandelt.

Die Lehrkräfte waren sichtlich bestrebt, bei allen Kindern ihrer Klasse in vergleichbarer Form und in vergleichbarem Umfang zu den einzelnen Lernbereichen Stellung zu nehmen. Dies weist darauf hin, dass die Berichtsfunktion des Zeugnisses nach wie vor Priorität besitzt und nicht, wie intendiert, die ermutigende und förderdiagnostische Funktion. Dass sich dabei die Berichterstattung fast ausschließlich auf die kognitiven Lernbereiche Deutsch und Mathematik konzentrierte, ist hinsichtlich des generellen Stellenwertes des Erwerbs dieser Kulturtechniken im Anfangsunterricht verständlich. Es spiegelt aber auch deutlich das traditionelle Verständnis der Schule als Ort der Wissensvermittlung wider.

Dies bestätigte sich auch auf der inhaltlichen Ebene in der Wahl vorrangig traditioneller Beurteilungsaspekte. Beurteilt wurden der Stand des erworbenen Wissens und die am Disziplinethos orientierte Bereitschaft des Kindes zu lernen. Andere Aspekte der kindlichen Persönlichkeit, die den Prozess des Wissenserwerbs beeinflussen bzw. die Lernvoraussetzungen des Kindes thematisieren, wurden, wenn überhaupt, nur in Ansätzen berücksichtigt. Mit 65% (bezogen auf 11 650 insgesamt kodierte Aussagen) dominierten die traditionellen Beurteilungsaspekte (*Können, allgemeine geistige Fähigkeiten, Einstellungen, Kenntnisse*), nur ein knappes Viertel der Aussagen thematisierten die als intentionsrelevant bezeichneten (*emotionale, volitive, motivationale Aspekte, Verhaltensbeschreibungen, physische Merkmale, Interessen, Begabungen*). Dabei zeigten sich deutliche Unterschiede zwischen den Bereichen: So wurden in den Aussagen zu den kognitiven Lernbereichen und dem Arbeitsverhalten vorrangig traditionelle Beurteilungsaspekte thematisiert, intentionsrelevante Aspekte dagegen deutlich häufiger in den musischen Lernbereichen. Ausführliche Beschreibungen von Verhaltensweisen, Situationen, Aufgabenmerkmalen und Interaktionen waren in den Texten kaum auffindbar. Individuelle Bezugsnormen fanden nur bei 8% aller Aussagen Verwendung. Als Bezugsnorm diente die sachliche Anforderung (86%), so z.B. im Lernbereich Mathematik: „Er beherrscht den Zahlenraum bis 100 und die 4 Grundrechenarten." Die Texte enthielten so gut wie gar keine für den pädagogischen Laien interpretierbaren Hinweise darauf, was das Kind in dieser Klassenstufe können müsste. Direkte Vergleiche mit den Mitschülerinnen und Mitschülern kamen so gut wie gar nicht vor (0,4%). Nur in 5% der Aussagen handelte es sich um entwicklungsbezogene Darstellungen. Ansonsten wurde über den erreichten Stand, das Resultat der Lernbemühungen, berichtet.

Generell überwogen in den Texten positive Aussagen (75%). Von diesen 75% hatten 36% positiv verstärkenden Charakter. Dabei wurde in erster Linie das besonders gelungene oder erfreuliche Umsetzen allgemein gestellter schulischer Anforderungen positiv hervorgehoben. Die anderen Möglichkeiten, erbrachte Leistungen positiv zu verstärken, spielten eine deutlich untergeordnete Rolle. Explizites Lob enthielten nur 0,4% aller Aussagen: „Lobenswert waren ihr häuslicher Fleiß und ihre gründliche Unterrichtsvorbereitung." Im Vergleich dazu wurde häufiger getadelt (2,3%): „Er erledigte seine Hausaufgaben äußerst unzuverlässig."

Vollständige förderdiagnostische Hilfestellungen fanden sich nur in zwei Texten. Wenn über Fördermöglichkeiten oder -maßnahmen berichtet wurde, dann handelt es sich bei 4% der Aussagen um die Empfehlung zu üben bzw. es in Zukunft besser zu machen und nur in 1,4% der Aussagen um im eigentlichen Sinne pädagogische Maßnahmen, nämlich didaktisch-methodische Ratschläge (1%) bzw. den Bericht über erfolgte disziplinarische (0,3%) oder affektive Maßnahmen (0,2%). In keinem Fall betreffen die gegebenen Empfehlungen die Weiterentwicklung von Begabungen oder Interessen. Generell wurden eher Erklärungen für schulischen Erfolg als für schulischen Misserfolg angeboten.

Wie sieht ein typisches Zeugnis aus?

Im Folgenden sollen anhand einer als typisch einzuschätzenden verbalen Beurteilung die wesentlichen von uns im Rahmen der Zeugnisanalyse beobachteten Schwierigkeiten bei der Erstellung der Berichtszeugnisse veranschaulicht werden.

> B. ist ein freundlicher Schüler. Er hat guten Kontakt zu seinen Mitschülern und wird von ihnen anerkannt. Gern übernimmt B. kleine Aufträge für die Klasse, die er gewissenhaft erfüllt. B. bemüht sich, im Unterricht gut zu lernen. Ruhig und aufmerksam folgt er dem Unterrichtsgeschehen. Dabei erfasst er das Wesentliche und ist bestrebt, Erlerntes selbstständig anzuwenden. Allerdings fällt es ihm schwer, Arbeitsaufträge zügig zu erfüllen.

B.'s Lesekönnen hat sich im Verlauf des Schuljahres verbessert. Er kann geübte Texte zunehmend fließend vortragen. Beim Erlesen fremder Texte benötigt er viel Zeit. Fragen zum Text kann er teilweise beantworten.

B. äußert sich im Unterricht in sprachlich einfach formulierten Sätzen.

Seine Heftführung ist übersichtlich. Beim Schreiben muss er sich jedoch um ein schnelleres Arbeitstempo bemühen. Mit gutem Erfolg erledigt B. Abschreibübungen und Nachschreibübungen. Beim Schreiben nach Diktat gelingt es ihm immer besser, geübte Wörter und Sätze zu notieren.

B. kennt die Zahlen bis 100, ihre Ordnung und die vier Grundrechenarten. Lösungswege beim Addieren und Subtrahieren sind weitgehend gefestigt. Die Aufgaben der Multiplikation und Division muss er noch üben.

Mit Eifer lernt B. im Sachkundeunterricht. Hier bemüht er sich, eigene Erfahrungen aus der Umwelt einzubringen.

Gern malt und bastelt B. Arbeitsideen nimmt er auf und setzt sie um.

Beim Singen und Tanzen im Musikunterricht beteiligt sich B. mit großer Freude.

Bewegungsaufgaben im Sport kann B. lösen.

Eindimensionale Rückmeldungen: Eine Aussage zum Gesamteindruck und die Einschätzung des Sozial- und Arbeitsverhaltens stehen den Aussagen zu den einzelnen Lernbereichen voran. Die genannten Beurteilungsbereiche werden weder formal noch inhaltlich miteinander verknüpft, d.h., der Text ist in unserem Sinne ‚eindimensional' angelegt. Dies gilt auch hinsichtlich der Wahl der inhaltlichen Beurteilungsaspekte. Der Text widmet sich in erster Linie dem Bericht über das, was B. in den Lernbereichen Deutsch und Mathematik kann bzw. nicht kann. Nur hinsichtlich der Lernbereiche ‚Bildende Kunst' und ‚Musik' wird dieses traditionelle Schema der Beurteilung um emotionale Aspekte erweitert. Es finden sich Hinweise darauf, dass dem Kind die Beschäftigung mit musischen Anforderungen Freude bereitet.

Informationsarme Rückmeldungen: Der Leser erhält so gut wir gar keine Informationen über die Lerngegenstände (Deutsch: geübte Texte, fremde Texte, Fragen zum Text, Abschreibübungen und Nachschreibübungen, nach Diktat, Mathematik: Zahlen bis 100, ihre Ordnung und die vier Grundrechenarten, Addieren, Subtrahieren, Multiplikation, Division) und keinerlei Information über die Lernsituationen. Damit werden die Aussagen selbst pauschal und inhaltsleer, da weder für das beurteilte Kind noch die Eltern ein persönlicher Bezug erkennbar sein dürfte. Der Text erscheint austauschbar.

Resultatsorientierte Könnensberichte: Keine der Aussagen stellt individuelle Lernprozesse dar. Abgesehen von den drei noch näher zu betrachtenden Aussagen in Deutsch, die auf Veränderungen über die Zeit Bezug nehmen, handelt es sich um einen resultatsorientierten Bericht. Die Formulierungen mit individueller Bezugsnormorientierung im Lernbereich Deutsch veranschaulichen, dass die Verwendung individueller Beurteilungsmaßstäbe nicht notwendig zu Lernprozessbeschreibungen führt. Die Mitteilung „hat sich im Verlaufe des Schuljahres verbessert" bezieht sich auf das Resultat eines stattgefundenen Prozesses. Die Aussage „... kann zunehmend ..." weist zwar auf einen stattfindenden Lernprozess hin, enthält aber keine Informationen über den Prozess selbst. Allein der Satz „Beim Schreiben nach Diktat gelingt es ihm immer besser, geübte Wörter und Sätze zu notieren." enthält etwas differenziertere Hinweise.

Das ermutigende Potenzial wird nicht genutzt: Die nachfolgenden Textpassagen wurden in dem Beispieltext als ermutigend kodiert, da sie entweder auf eine positive Entwicklung oder aber das Bemühen des Kindes bzw. sein gezeigtes Engagement eingehen:

Arbeitsverhalten
B. bemüht sich, im Unterricht gut zu lernen.

Deutsch
B.'s Lesekönnen hat sich im Verlauf des Schuljahres verbessert. Er kann geübte Texte zunehmend fließend vortragen. Beim Schreiben nach Diktat gelingt es ihm immer besser, geübte Wörter und Sätze zu notieren.

Sachkunde
Mit Eifer lernt B. im Sachkundeunterricht. Hier bemüht er sich, eigene Erfahrungen aus der Umwelt einzubringen.

An diesen Beispielen wird deutlich, dass der Grad der Ermutigung dieser Aussagen durch die Eindimensionalität und die Informationsarmut der gegebenen Rückmeldung erheblich eingeschränkt wird. Es kann nicht eindeutig eingeschätzt werden, inwieweit die Aussagen nicht auch dazu dienen, indirekt auf bestehende Schwierigkeiten hinzuweisen. Es wird weder auf besonders gelungene Umsetzungen gestellter schulischer Anforderungen hingewiesen, noch wird dem Kind Zuversicht vermittelt, gesetzte Ziele zu erreichen, seine Lernfreude erfährt keine Bestärkung.

Das förderdiagnostische Potenzial wird nicht genutzt: Obwohl der Text Hinweise auf bestehende Förderanlässe enthält (gekennzeichnet durch Kursivdruck im Text), werden keine förderdiagnostischen Hinweise gegeben. Da die bestehenden Schwierigkeiten nicht differenziert beschrieben werden, kann der Leser den tatsächlich bestehenden Förderbedarf des beurteilten Kindes nicht abschätzen bzw. praktikable didaktisch-methodische Hilfestellungen ableiten.

Gesamteindruck

B. ist ein freundlicher Schüler.

Sozialverhalten

Er hat guten Kontakt zu seinen Mitschülern und wird von ihnen anerkannt.

Arbeitsverhalten

Gern übernimmt B. kleine Aufträge für die Klasse, die er gewissenhaft erfüllt. *B. bemüht sich,* im Unterricht *gut zu lernen.* Ruhig und aufmerksam folgt er dem Unterrichtsgeschehen. Dabei erfasst er das Wesentliche und *ist bestrebt, Erlerntes selbstständig anzuwenden. Allerdings fällt es ihm schwer, Arbeitsaufträge zügig zu erfüllen.*

Deutsch

B.'s *Lesekönnen hat sich im Verlauf des Schuljahres verbessert.* Er kann geübte Texte *zunehmend fließend vortragen.* Beim Erlesen fremder Texte *benötigt er viel Zeit.* Fragen zum Text *kann er teilweise beantworten.*

B. äußert sich im Unterricht in *sprachlich einfach formulierten Sätzen.*

Seine Heftführung ist übersichtlich. Beim Schreiben *muss er sich jedoch um ein schnelleres Arbeitstempo bemühen.* Mit gutem Erfolg erledigt B. Abschreibübungen und Nachschreibübungen. Beim Schreiben nach Diktat *gelingt es ihm immer besser*, geübte Wörter und Sätze zu notieren.

Mathematik

B. kennt die Zahlen bis 100, ihre Ordnung und die vier Grundrechenarten. Lösungswege beim Addieren und Subtrahieren sind *weitgehend gefestigt.* Die Aufgaben der Multiplikation und Division *muss er noch üben.*

Sachkunde

Mit Eifer lernt B. im Sachkundeunterricht. Hier *bemüht er sich*, eigene Erfahrungen aus der Umwelt einzubringen.

Bildende Kunst

Gern malt und bastelt B. Arbeitsideen nimmt er auf und setzt sie um.

Musik

Beim Singen und Tanzen im Musikunterricht beteiligt sich B. mit großer Freude.

Sport

Bewegungsaufgaben im Sport kann B. lösen.

Der Satz „Die Aufgaben der Multiplikation und Division muss er noch üben" steht beispielhaft für die nicht intentionsgemäße Empfehlung, denn der Text gibt keine Informationen dazu, wie das geschehen könnte.

Unterscheiden sich die Zeugnisse von Jungen und Mädchen?

In der Tendenz zeigten sich in den Verbalbeurteilungen geschlechtsspezifische Einflüsse auf die formale und inhaltliche Gestaltung der Texte, wie die in der Literatur beschriebenen geschlechtsstereotypen Beurteilungsmuster erwarten ließen (z.B. Lübke 1996, Pfister/Valtin, 1996).

Die Verbalbeurteilungen von Mädchen und Jungen waren prinzipiell in Aufbau und Länge der Gesamttexte vergleichbar. Unterschiede dagegen zeigten sich im quantitativen Umfang der Bereiche. Bezogen auf den Gesamttext wurden bei Mädchen in etwas stärkerem Umfang Aussagen zum Sozialverhalten gemacht als bei den Jungen. Ein Vergleich der prozentualen Häufigkeiten der dabei angesprochenen Themen zeigte, dass die Mädchen häufiger als freundlich, höflich, einfühlsam, hilfsbereit, zurückhaltend, fair und tolerant beschrieben wurden als die Jungen. Auch wurde das ‚Anderenzuhören-Können' öfter bei Mädchen als bei Jungen hervorgehoben. Jungen dagegen wurden häufiger als ehrgeizig und lebhaft beschrieben. Auch die Themen Disziplin und Regeleinhaltung wurden häufiger in den Texten der Jungen angesprochen.

In Bezug auf die Gewichtung von ‚Sozial-' und ‚Arbeitsverhalten' fanden sich bei Jungen in der Tendenz umfangreichere Ausführungen zum ‚Arbeitsverhalten' als bei den Mädchen. Auch hier wiesen die innerhalb des Bereiches ‚Arbeitsverhalten' angesprochenen Themen geschlechtsspezifische Schwerpunktsetzungen auf: So wurden bei Jungen öfter als bei den Mädchen die Konzentration, das Arbeitstempo, die Sorgfalt, die Denkfähigkeit und die Auffassungsgabe beschrieben. Dafür fanden sich in den Texten der Mädchen häufiger Verweise auf besonderen Fleiß und die Anfertigung von Zusatzaufgaben.

Des Weiteren zeigten sich geschlechtsspezifische Unterschiede bei der Berücksichtigung der Lernbereiche: In den musischen Lernbereichen - ‚Musik' und ‚Bildende Kunst' - wurden bei Mädchen umfangreichere Aussagen getroffen (dagegen bei den Jungen in ‚Sport'). Dem entsprechen die Ergebnisse unserer Kinderbefragung, bei denen Mädchen mehr Freude an Bildender Kunst, Jungen mehr Freude am Sport berichteten.

Wenn Veränderungen (sowohl Fort- als auch Rückschritte) über die Zeit angesprochen wurden, dann geschah dies eher bei Jungen. Dabei wurden die gemachten Fortschritte der Jungen häufiger positiv verstärkend hervorgehoben als bei den Mädchen. Mädchen dagegen wurden eher als Jungen explizit gelobt. Die Kategorie ‚Lob' wurde vergeben, wenn die Begriffe „lobenswert" und „vorbildlich" bzw. „vorbildlich sein" als bewertende Begriffe in den Texten Verwendung fanden. Einige Beispiele sollen verdeutlichen, dass sich die Anlässe zu loben auch geschlechtsspezifisch unterschieden: „Sein Engagement in diesem Fach war vorbildlich." - „Lobenswert war seine sportliche Fairness bei Mannschaftsspielen." - „Lobenswert ist seine Einsatzbereitschaft bei sportlichen Spielen sowie sein Leistungswille beim Lauf, Wurf und Weitsprung." - „Ihre Heftführung und der Umgang mit den Arbeitsmaterialien ist vorbildlich." - „Lobenswert ist ihr steter Eifer, den sie sich weiterhin bewahren sollte." - „Lobenswert ist ihre Bereitschaft zur gemeinnützigen Tätigkeit."

Häufiger als bei Mädchen fanden sich in den Texten von Jungen tadelnde Aussagen: „Bei Bewegungsspielen versucht er, häufig durch Toben zu stören." - „Er ist aber immer noch recht vorlaut." Die Kategorie ‚Tadel' wurde vergeben, wenn im Mittelpunkt der Aussage die ausdrückliche Missbilligung eines gezeigten Verhaltens oder einer (nicht) erbrachten Leistung stand. Nach Lenzen (1995, S. 1510) ist „Der Tadel (ist somit) ein Urteil, das feststellt, dass etwas fehlt, was nicht fehlen dürfte, und darüber hinaus impliziert, dass das Fehlen subjektiv schuldhaft ist". Getadelt wurden in den analysierten Texten die mangelnde Sorgfalt, Ausdauer, Mitarbeit, Aufmerksamkeit, Aktivität, Übungsbereitschaft sowie das mangelnde Interesse am Unterricht, aber auch Verstöße gegen die Disziplin und Regeleinhaltung: das bewusste Stören des Unterrichts, der Mitschüler und die Bereitschaft, sich von den anderen Mitschülern ablenken zu lassen.

Beschreibungen von defizitären Ist-Zuständen ließen sich eher in den Texten der Jungen finden. Wenn bestehende Schwierigkeiten in Kombination mit der Empfehlung, zu üben oder sich zukünftig zu verbessern, differenziert beschrieben wurden, dann geschah dies ebenfalls öfter in den Texten der Jungen. Dagegen wurde der bloße Hinweis auf die Notwendigkeit zu üben eher Mädchen gegeben. Aufschlussreich waren auch die von den Lehrkräften verwendeten Erklärungsmuster. Häufiger als bei Mädchen wurde bei Jungen eine Erklärung genannt. Ein Vergleich der prozentualen Häufigkeiten zeigte in der Tendenz, dass dabei Jungen häufiger vermittelt wurde „du könntest, wenn du wolltest", Mädchen hingegen häufiger die Rückmeldung erhielten, dass Fleiß und Anstrengung sowohl für ihren schulischen Erfolg als auch Misserfolg verantwortlich seien. Damit wurden Mädchen Erklärungsmuster angeboten, die wenig selbstwertdienlich sind: dass es ‚nur' ihr Fleiß, aber nicht ihr Können sei, das zu schulischem Erfolg führt (weitere Ausführungen zu Erklärungsmustern siehe Kapitel 11).

Unterscheiden sich die Zeugnisse von guten und schwachen Schülerinnen und Schülern?

Um Aufschluss darüber zu erhalten, wie Lehrer Beurteilungstexte für Kinder mit verschiedenen Leistungsniveaus schreiben, wurden die Kinder aufgrund der Ergebnisse des Schulleistungstests im 2. Schuljahr in drei Leistungsgruppen eingeteilt. Dabei zeigte sich, dass die Länge der Texte für die drei Gruppen vergleichbar war. Allerdings ergaben sich Unterschiede in der inhaltlichen Gestaltung. So wurde bei den leistungsstarken Kindern ausführlicher der Bereich ‚Arbeitsverhalten' beschrieben. Jedoch erwiesen sich die Zeugnisse dieser Kinder als fast ausschließlich resultatsorientierte Beschreibungen eines erreichten Ist-Zustandes. Die Ermutigung leistungsstarker Kinder bestand in der positiven Hervorhebung dessen, was sie erreicht haben. Der Weg, wie sie es erreicht haben, und die damit eventuell doch verbundene Anstrengung wurden nicht thematisiert und gewürdigt. Die Texte enthielten in keinem Falle förderdiagnostische Hinweise für die Weiterentwicklung von Begabungen und Interessen der Kinder. So fanden sich zwar häufiger Ursachenzuschreibungen in den Texten der Kinder des oberen Leistungsdrittels als in denen der beiden anderen Leistungsniveaus, sie dienten aber primär der Erklärung des schulischen Erfolges durch Verweise auf entsprechende allgemeine geistige Fähigkeiten. Die Lehrkräfte gaben sich offenbar zufrieden damit festzustellen, dass gute Kinder gut waren, ohne weitere Entwicklungsanreize zu geben.

Aber auch in den Texten der Kinder des unteren Leistungsdrittels wurde das Potenzial verbaler Beurteilungen, durch Anerkennung und Würdigung den Kindern Zuversicht zu vermitteln und ihre Lernfreude zu stärken, nicht genutzt. Ermutigende Aussagen fanden sich primär in den Texten der Kinder des oberen Leistungsdrittels, und zwar in Form der positiven Verstärkung des bereits Erreichten. In den Texten der Kinder des unteren Leistungsdrittels dagegen wurde auf das Bemühen der Kinder verwiesen. Allerdings ist nicht entscheidbar, ob dabei tatsächlich das Bemühen gewürdigt oder indirekt auf bestehende Schwierigkeiten verwiesen wird: „Er gibt sich große Mühe, seine Hefte sauber und übersichtlich zu gestalten."

Bei der Wahl der inhaltlichen Beurteilungskriterien entsteht der Eindruck, dass es bei der Formulierung der Texte soweit wie möglich vermieden wurde, auf bestehende Probleme, vor allem aber auf deren mögliche Hintergründe einzugehen. Wenn es allerdings nicht zu vermeiden war, eine kritische Beurteilung vorzunehmen, häuften sich in den Texten die Negativaussagen und Beschreibungen bestehender Schwierigkeiten. Explizite Negativaussagen (tadelnde Formulierung, die Benennung defizitärer Ist-Zustände, allgemeine negative Hervorhebungen, Hervorhebungen von Schwächen) fanden sich deutlich häufiger in den Texten der Kinder des unteren Leistungsdrittels; ebenso, wenn überhaupt, die differenzierte Beschreibungen von Schwierigkeiten. So wie bei den leistungsstarken Kindern die Möglichkeit zu konstruktiver Kritik in der Regel nicht genutzt wurde, wurde bei den leistungsschwachen nicht die Möglichkeit genutzt, den kritischen Anmerkungen ermutigende gegenüberzustellen. Da aber auf die kritische Kennzeichnung bestehender Probleme und Defizite keine förderdiagnostischen Konsequenzen folgten, lagen auch hier wie bei den Kindern der beiden anderen Leistungsgruppen reine Berichte, wenn auch im Gegensatz zu den beiden anderen Leistungsniveaus negative und damit Nicht-Könnens-Berichte, vor.

Im Vergleich zu den beiden anderen Leistungsniveaus wurden häufiger nicht selbstwertdienliche Erklärungsmuster für schulische Misserfolge bei Kindern des unteren Leistungsdrittels genannt: Die Ursachen wurden in mangelnder Anstrengung, Aufmerksamkeit, Konzentration, Können oder fehlenden Kenntnissen gesehen. Die Erklärung von Misserfolgen durch mangelnde Anstrengung begünstigt besonders bei leistungsschwachen Kindern die Ausbildung des Gefühls der Inkompetenz und Hilflosigkeit, wenn sie erfahren, dass sie mit und ohne Anstrengung die gesetzten Ziele nicht erreichen. Eine differenzierte Analyse der Gründe des Nichterreichens in Kombination mit praktikablen Förderempfehlungen könnte dem entgegenwirken. Den Kindern des mittleren und unteren Leistungsdrittels wurde in erster Linie empfohlen, bestehende Schwierigkeiten und defizitäre Ist-Zustände durch Üben bzw. durch Steigerung der vorhandenen Kompetenzen zu überwinden. Allerdings fanden sich auch, wenn überhaupt Förder- bzw. pädagogische Maßnahmen formuliert wurden, diese vorrangig bei Kindern des unteren Leistungsdrittels.

Abschließende Bemerkungen

Die Analyse der Berichtszeugnisse hat ergeben, dass sie den durch die Zeugnisreform angestrebten Intentionen nicht gerecht werden. Ob die Ursachen der beobachteten Schwierigkeiten primär in den schulischen/unterrichtlichen Rahmenbedingungen, in den Unzulänglichkeiten in der Aus- und Weiterbildung oder aber in einem distanzierten Verhältnis zu den Intentionen der Zeugnisreform liegen, kann im Rahmen unseres Projekts nicht beantwortet werden. Fest steht jedoch, dass das Abfassen von Berichtszeugnissen im Sinne von Lernentwicklungsberichten Qualifikationen erfordert, die bislang nicht obligatorischer Bestandteil der Ausbildung der Lehrkräfte ist. Dies betrifft sowohl die notwendige Professionalität hinsichtlich der Beobachtung und Protokollierung des Lern- und Arbeitsverhaltens von Schülerinnen und Schülern als auch die zur sprachlichen Umsetzung der gesammelten Informationen nötigen Kompetenzen. Von ebenso großer Bedeutung für die Professionalisierung der Beurteilungspraxis ist die Ausbildung der Bereitschaft und Fähigkeit, über stereotype Beurteilungsstrategien, wie sie hier beschrieben wurden, zu reflektieren und sie zu überwinden.

9. Was ist ein gutes Berichtszeugnis?

von Corinna Schmude

Ausgehend vom traditionellen Notenzeugnis lässt sich die Frage, was ein gutes Zeugnis ist, sehr schnell und unproblematisch beantworten. Ein „gutes" Notenzeugnis ist das Zeugnis eines Kindes, das den Anforderungen in den einzelnen Lern- und Verhaltensbereichen - gemessen an normativen Standards - in besonderem Maße gerecht wird. Dies wird mit entsprechend guten Noten honoriert. Somit ist die „Güte" des Zeugnisses vom Kind selbst abhängig. Stellt man die Frage jedoch hinsichtlich einer verbalen Beurteilung, so ist sie zweideutig: Man kann diese Frage in Bezug auf das Kind anhand eines Konzeptes vom „guten" Schüler beantworten, man kann sie aber auch auf die Verfasserin oder den Verfasser beziehen und damit nach der pädagogischen Güte des Textes fragen. Im Folgenden sollen Beispiele gelungener Umsetzungen aufgezeigt werden.

Zwei gute Gründe für gute Verbalbeurteilungen

Der Schuleintritt stellt einen wichtigen „Meilenstein" im Lebenslauf dar. Mit dem Eintritt in die Schule wird das Kind mit einer Fülle von Aufgaben konfrontiert, die die weitere Entwicklung der Kinder bis zum Erreichen des nächsten „Meilensteins" - dem Schulabschluss - nachhaltig prägen. An Stelle des spielerischen Lernens tritt in der Schule der systematische Erwerb der Kulturtechniken des Lesens, Schreibens und Rechnens sowie die Ausbildung bestimmter Arbeitshaltungen - gefordert wird die wohlmotivierte, zuverlässige Erledigung bestimmter Aufträge innerhalb bestimmter Zeitgrenzen. Zudem besteht die Anforderung an das Kind, sich in die sozialen Strukturen der Institution Schule zu integrieren. Aber es ändert sich nicht nur der Gegenstandsbezug des Lernens und der Rahmen, in dem Lernen stattfindet, es verändern sich auch die für die Bewältigung von Lernprozessen unverzichtbaren Rückmeldungen, die das Kind erhält. Ganz wesentlich für die optimale Entwicklung des einzelnen Kindes ist die Aufrechterhaltung und Stärkung der kindlichen Leistungsbereitschaft und -fähigkeit durch die Ermöglichung von Könnenserlebnissen. Doch an die Stelle der ermutigenden und helfenden Zuwendung der Bezugspersonen im Kontext des spielerischen Lernens treten nun in der Schule im Rahmen traditioneller Leistungsbeurteilungen nüchterne Richtig-Falsch-Bilanzen. Als allgemein anerkannten Gegenwert für wenige Fehler gibt es gute Noten. Die guten und die schlechten Zensuren gruppieren die Kinder in erfolgreiche und weniger erfolgreiche Schülerinnen und Schüler. Prinzipiell ist eine realistische subjektive Einschätzung der eigenen Leistungsfähigkeit wichtig und wünschenswert. Doch der Vergleich der Leistungen des einzelnen Kindes mit den normativ festgelegten Standards der Zensierungspraxis kann sich als problematisch erweisen, wenn als Folge der kindliche Selbstwert abnimmt, die Lernmotivation geringer wird oder sich gar negative psychosomatische Begleiterscheinungen einstellen. Ziel pädagogischer Rückmeldungen sollte es daher sein, derartige negative Auswirkungen zu vermeiden und gerade am Beginn der Schullaufbahn die günstige Selbsteinschätzung, die Lernmotivation und die psychische Stabilität der Kinder zu fördern.

Der schulische Alltag enthält spezifische Leistungssituationen, die ermutigende und förderdiagnostische Rückmeldungen erfordern. Rückmeldungen sind Kennzeichen fast jeder Lehrer-Schüler-Interaktion. Die meisten dieser Rückmeldungen erfolgen direkt, situationsbezogen und mündlich bzw. in Form von Kommentaren auf Arbeitsblättern und Ähnlichem. Daneben gibt es im Verlauf des Schuljahres Rückmeldungen, die sich aus dem direkten Lerngeschehen herausheben, beispielsweise die Rückmeldung zum Abschluss einer längerfristigen Projektarbeit oder Leistungsbeurteilungen bei vorgeschriebenen schriftlichen Arbeiten. Von besonderer Bedeutung aber sind die Rückmeldungen zum Ende eines Halb- oder Schuljahres in Form von Zeugnissen:

– Zeugnisse haben gesellschaftlich einen hohen Stellenwert, denn sie werden als die Verbindung zwischen Schule und Gesellschaft betrachtet und ihnen kommt eine wichtige Auslesefunktion zu,

– sie sind von hoher subjektiver Bedeutung für das Kind und seine Eltern,

– sie enthalten eine rückblickende Beurteilung über die in einem Zeitraum von einem halben bzw. einem ganzen Jahr erbrachten Leistungen,

– sie sind eine Dokumentation des Leistungsverständnisses und der Unterrichts- und Beurteilungspraxis des Lehrenden.

Intentionsgerecht erstellte Berichtszeugnisse sind Ausdruck einer reformorientierten Pädagogik, eines am pädagogischen Leistungsbegriff orientierten Umgangs mit Leistung, eines über die reine Wissensvermittlung hinausgehenden Verständnisses des Erziehungs- und Bildungsauftrages von Schule. Dabei ist die „Leistungserziehung" im Sinne der Vorbereitung der heranwachsenden Generation auf das gesellschaftliche Verständnis von Leistung elementarer Bestandteil dieses Erziehungs- und Bildungsauftrages (Jürgens 1996). Aufgrund der Bedeutung, die dem Zeugnis in den Augen von Schülern, Eltern und Lehrern zukommt, können Berichtszeugnisse auch in besonderer Weise das dahinterstehende pädagogische Konzept öffentlich machen.

Doch wie lässt sich nun die ermutigende und förderdiagnostische Intention von Rückmeldungen in der Praxis verbaler Beurteilungen realisieren?

Anhand ausgewählter Beispiele[1] aus der pädagogischen Praxis soll gezeigt werden, dass es eigentlich gar nicht so schwer ist, die folgenden Aspekte zu realisieren:

1) differenzierte Rückmeldungen statt eindimensionaler, informationsarmer Berichte,

2) Darstellungen des individuellen Lernprozesses statt resultatsorientierter Könnensberichte,

3) Ermutigung aller statt Lob der „Guten" sowie

4) konstruktive Kritik und förderdiagnostische Hinweise statt Negativ-Bilanzen und Tadel.

Vorab sei darauf hingewiesen, dass es sich hier nicht um Formulierungsvorschläge handelt. Verbale Beurteilungen bieten grundsätzlich die Möglichkeit, zu der Subjektivität der vorgenommenen Einschätzung zu stehen. Die Lehrerin teilt mit ihren eigenen Worten ihre Beobachtungen und Wahrnehmungen mit und wertet diese vor dem Hintergrund ihres Wissens. Dies kann nicht mit Hilfe von Textbausteinen und „bewährten" Formulierungen geschehen. Bleiben Sie als Person bei der Formulierung Ihrer Texte authentisch! Die folgenden Ausschnitte aus den Berichtszeugnissen, welche die Differenziertheit und die Darstellung des individuellen Lernprozesses illustrieren, veranschaulichen diese Individualität der Verfasser. Den eher emotional gestalteten Texten für Anna und Kathrin werden die wesentlich sachlicher formulierten verbalen Beurteilungen Lisas und Marcels gegenübergestellt.

Unabhängig von ihrem sehr persönlichen Schreibstil gelingt es beiden Verfassern, jeweils ein sehr detailliertes Bild vom Lernalltag der Kinder zu zeichnen, wie die folgenden Textausschnitte verdeutlichen:

Anna

Anna kam täglich gern zur Schule, sie hat nach wie vor große Freude am Lernen. Meistens hatte sie sich schon zu Hause überlegt, mit welchen Arbeiten sie sich beschäftigen wollte, so dass sie ihre Unterrichtszeit optimal ausnutzen konnte. Da Anna zudem Aufgabenstellungen sehr schnell begreift und ausgesprochen konzentriert arbeiten kann, gelang es ihr sehr gut, sich die erforderlichen Wochenarbeiten einzuteilen. So blieb ihr immer viel Zeit, sich mit weiterführenden Lernangeboten zu beschäftigen, wobei sie im letzten Halbjahr dem Computer den absoluten Vor-

---

[1] Für die Bereitstellung der Textbeispiele bedanke ich mich ganz herzlich bei Frau Schade, Frau Schwaiger, Frau Vercamer und Herrn Voerster.

rang einräumte. Sie schreibt gern Geschichten und hat schnell entdeckt, welche weitergehenden Gestaltungsmöglichkeiten ihr durch den Computer gegeben sind. Hierbei arbeitete Anna am liebsten mit ihrer Freundin; gemeinsam hatten sie viel Spaß beim Entwerfen und nachträglichen Bearbeiten ihrer oft sehr komischen Geschichten. Bei den Kreisgesprächen war Anna meistens eine sehr aufmerksame Zuhörerin, speziell wenn sie selbst Interesse an den Gesprächsthemen hatte. Durch ihr umfangreiches Sachwissen konnte sie immer gute Beiträge bringen, wodurch sie das Gespräch oft voran brachte. Anna konnte bei den Klassengesprächen aber auch ihr Desinteresse sehr gut zur Geltung bringen; dann zeigte sie sich gelangweilt und teilweise leicht gereizt und verärgert, dass ihr Zeit verloren ging ihren eigentlichen Interessen nachzugehen. Dieses Verhalten zeigte sie teilweise auch im Umgang mit anderen Kindern, was manchmal zu großer Verunsicherung und Hilflosigkeit führte. Davon war auch Anna betroffen, die sehr wohl erkannte, dass sie sich nicht richtig verhalten hatte, dies aber nicht zugeben konnte. Dann versuchte sie sich Verstärkung durch ihre Freundinnen zu holen, was die Situation wiederum zuspitzte. Da Anna ein stark ausgeprägtes Gerechtigkeitsempfinden hat, litt sie oft selbst am meisten unter den von ihr verursachten Missstimmungen, es fiel ihr aber sehr schwer Lösungswege aus solchen Konflikten zu finden. Über behutsame, aber durchaus kritische Hilfe, war Anna dann sehr froh und dankbar.

Anna ist sehr unternehmungslustig und hat viele gute, oft recht witzige Spielideen. Sie konnte sich mit ihren Freunden meistens gut abstimmen und zeigte sich sehr kameradschaftlich und hilfsbereit. Dies alles und ihre vielseitigen intellektuellen Fähigkeiten machen sie sehr beliebt und zu einer großen Stütze für die Klasse.

Lisa

Lisa nahm im vergangenen Halbjahr, wie schon zuvor, äußerst interessiert, hochmotiviert und engagiert an allen Aktivitäten des Schullebens teil. Sie pflegte feste Freundschaftsbande mit einigen Mitschülerinnen, zeigte sich aber auch offen für Kontakte zu den anderen Schülerinnen und Schülern, half gerne bei der Organisation des Klassengeschehens und bemühte sich, anderen bei der Bewältigung ihrer schulischen Aufgaben mit Rat und Tat zur Seite zu stehen.

Das Lernen in den Bereichen Mathematik und Deutsch wurde im Wesentlichen über den Wochenplan realisiert. Lisa hat ihre Aufgaben von Anfang an übersichtlich und zeitlich angemessen geplant, zügig und ausdauernd bearbeitet und erfolgreich zum Abschluss gebracht, so dass sie am Ende der Woche stets einen „erfüllten" Wochenplan vorweisen konnte. Über die Pflichtaufgaben hinaus wählte sie aus vielfältigen Materialvorgaben weitere Aufgaben selbstbestimmt zur freiwilligen Bearbeitung aus. Die notwendigen Arbeitsschritte des Wochenplanes (Planung, selbständige Bearbeitung, Informationsbeschaffung, Eigen- und Fremdkontrolle, Partnersuche und -findung, Auswahl von Arbeitsergebnissen für das Vorstellen im Klassenverband, Rechenschaft ablegen über die Arbeitsergebnisse, Abheften und Dokumentieren derselben ...) konnte sie routiniert vollziehen. In Phasen von Lehrgangslernen war Lisa meist aufmerksam, ließ sich gelegentlich aber auch ablenken. Eine zu enge freundschaftliche Bindung erwies sich manchmal im Unterricht als hinderlich. Lisa sollte lernen, auch zu anderen Kindern Arbeitsbeziehungen aufzunehmen. Lisa erledigte alle schulischen Aufgaben auch ohne unmittelbare Kontrolle zuverlässig, z.B. bei der Arbeit am Computer oder bei der Partnerarbeit im Gruppenraum. Hausaufgaben vergaß sie nie.

In unseren Gesprächskreisen und Vorstellungsrunden äußerte sich Lisa selbstsicher und ausführlich und trug so wesentlich zu Lernertrag und Diskussionsergebnissen bei. Diese Qualitäten brachte sie auch in die sachkundliche Projektarbeit ein. Gern übernahm sie die Führung und organisierte die Arbeitsabläufe. Die Ergebnisse wurden zumeist auf Plakaten und Schautafeln dokumentiert.

Differenzierte Rückmeldungen statt eindimensionaler, informationsarmer Berichte

In den Zeugnistexten von Anna und Lisa beinhaltet die hier abgedruckte erste Hälfte des Textes eine umfassende Beschreibung ihres im zurückliegenden Schuljahr beobachteten Lernverhaltens. Dabei dominiert die Beurteilung des Arbeits- und Sozialverhaltens, die aber inhaltlich mit fachspezifischen Anforderungen verknüpft wird. Diese Verknüpfungen werden auf unterschiedliche Weise realisiert. Bei Anna wird die Darstellung ihres Arbeits- und Sozialverhaltens mit der Anforderung des freien Schreibens, der Nutzung des Computers und ihrem Verhalten in Kreisgesprächen illustriert. Bei Lisa wird nach einer eher zusammenfassenden Beschreibung ihres Arbeits- und Sozialverhaltens darauf verwiesen, dass das Lernen in den Lernbereichen Mathematik und Deutsch im Wesentlichen über den Wochenplan realisiert wurde. In den sich anschließenden Ausführungen, die knapp ein Drittel des Gesamttextes umfassen, steht dann im Mittelpunkt, wie Lisa die mit dieser Arbeitsform verbundenen Anforderungen bewältigen konnte.

In der Gegenüberstellung der beiden Texte wird deutlich, dass die Differenziertheit der Rückmeldung mit unterschiedlichen Schwerpunktsetzungen realisiert werden kann. Die Forderung nach einer differenzierten Rückmeldung ist nicht gleichbedeutend damit, dass bei jedem Kind alle nur möglichen Beurteilungsaspekte der Schülerpersönlichkeit beurteilt werden. Auch bedeutet diese Forderung nicht, dass das Arbeits- und Sozialverhalten mit allen fachlichen Anforderungen verknüpft wird. Vielmehr beinhaltet die

Forderung, dass die für die Beurteilung des Kindes wesentlichen Aspekte so dargestellt werden, dass für den Leser des Textes Stärken und Schwächen erkennbar sowie Anerkennung und Kritik nachvollziehbar werden. Welche Aspekte dies in welchen Lern- oder Verhaltensbereichen betrifft, ist individuell ganz verschieden. Die Auswahl hängt maßgeblich davon ab, welche Verhaltensweisen positiv bekräftigt werden sollen und bei welchen Änderungen wünschenswert wären. An dieser Stelle wird deutlich, dass Verbalbeurteilungen pädagogische Lernentwicklungsberichte sein sollten und keine amtlichen Schülerbeurteilungen im traditionellen Sinne des Zeugnisses.

In die Beschreibungen der Lerntätigkeit beider Mädchen fließen vielfältige Beurteilungskriterien ein. So werden neben den traditionellen Beurteilungsaspekten (*allgemeine geistige Fähigkeiten, Können, Kenntnisse, generelle Einstellungen zum Lernen*) auch emotionale, volitive und motivationale Aspekte der kindlichen Persönlichkeit berücksichtigt. Im Text von Anna wird darüber hinaus auch nachhaltig auf individuelle Interessen des Mädchens eingegangen. Die benannten Verhaltensweisen Annas in Kreisgesprächen vermitteln ein anschauliches Bild, wie sich das im Text festgestellte Desinteresse an gemeinsamen Themen beobachtbar äußert.

In beiden Texten finden sich viele der Kriterien wieder, die eine umfassenden Beurteilung der Schülerpersönlichkeit ermöglichen. Das im Text vermittelte Bild des Kindes wird umso lebendiger, je vielfältiger die beurteilten Aspekte sind.

Traditionelle Beurteilungsaspekte:	*Differenzierte Beurteilungsaspekte:*
– Allgemeine geistige Fähigkeiten – Kenntnisse – Können – Einstellungen	– Emotionale Aspekte – Motivationale Aspekte – Volitive Aspekte – Interessen – Begabungen – Konkretes Verhalten – Physische Merkmale – Emotionale Gestimmheit/Charakterisierung

Auch detaillierte Informationen zum Lernalltag sind wünschenswert, zumal dann die im Text gegebene Einschätzung leichter nachvollziehbar wird. Die Stärke des Textes von Anna besteht beispielsweise darin, dass ausführlich auf den interaktiven Kontext des Lernens eingegangen wird. Dagegen zeigt der Text von Lisa, dass man über die Verwendung eines Klammereinschubs kurz und knapp wichtige zusätzliche Informationen Platz sparend in den Text integrieren kann.

Je differenzierter eine Rückmeldung gestaltet wird, desto individueller ist sie auch. Wünschenswert ist auch, das Verhalten des Kindes in Bezug auf die schulischen Anforderungen ausführlich darzustellen und auf die Lernbemühungen selbst (den Weg, der zum Können führt) einzugehen. Wie sich dies praktisch umsetzen lässt, veranschaulichen die Textausschnitte aus den Zeugnissen von Kathrin und Marcel.

> *Kathrin*
>
> Im mathematischen Bereich orientierte sich Kathrin im Zahlenraum bis 100 zunächst mühelos, jedoch in zählender Weise (eins plus eins). Diese Schwierigkeit führte bei der Addition und Subtraktion von gemischten Zehnern und Einern (mit und ohne Zehnerübergang) anfänglich zu einigen Schwierigkeiten. Kathrin hat sich große Mühe gegeben und viel Fleiß investiert, sich ihre Zählmethode zugunsten eines geeigneteren Rechenverfahrens abzutrainieren. Dies ist ihr besonders ab dem letzten Schulhalbjahr gelungen, so dass sie nun die von ihr verlangten Aufgaben der Addition und Subtraktion von gemischten Zehnern (mit Zehnerübergang) mit großer Sicherheit bewältigen kann. Sie hat durch diese Arbeit viel Selbstvertrauen und Ruhe beim problemlösenden Arbeiten gewonnen. Es fiel ihr leicht geometrische Formen zu erkennen und zu beschreiben sowie beim Vergleichen, Messen und Zeichnen von Längen eine angemessene Größenvorstellung zu entwickeln. Kathrin hat mit Freude die Uhr lesen gelernt und zeigte einen immer sicherer werdenden Umgang mit der Multiplikation und Division innerhalb des kleinen Einmaleins.

> *Marcel*
>
> Im Zahlenraum bis 1000 konnte Marcel die Aufgaben zu den Grundrechenarten noch mit viel Zeit, doch zunehmender Sicherheit lösen. Die Einmaleinsreihen hat er schnell gelernt und konnte einige auch in Aufgaben anwenden. Im Formenzeichenkurs schulte Marcel elementare Zeichenfertigkeiten und konnte durch verschiedene Übungen sein Verständnis für die Grundformen Strecke, Kreis und Quadrat vertiefen. Marcel griff gern auf die einfacheren Übungen der Denkschule (Spiele zum Gedächtnistraining, Kombinations-, An- und Umordnungsspiele, Platzwechsel- und Solitärspiele) zurück und entwickelte dadurch auch schon kreative Problemlöseansätze.

Anzumerken wäre, dass es für Marcel und die Leser hilfreich wäre, wenn die Einmaleinsreihen, die Marcel auch in Aufgaben anwenden kann, explizit benannt werden würden.

Darstellung des individuellen Lernprozesses statt resultatsorientierter Könnensberichte

Auch hier finden sich deutliche Unterschiede in den Sprachstilen der beiden Urteiler. Im Falle Kathrins wird anschaulich beschrieben, welche Fortschritte sie im zurückliegenden Jahr im Lernbereich Mathematik hinsichtlich der Aneignung der grundlegenden Rechenverfahren gemacht hat (Anforderungen Klassenstufe 2). Die im Vergleich dazu deutlich kürzeren Ausführungen zu Marcel machen „schlagwortartig" auf verschiedene Entwicklungslinien aufmerksam (Anforderungen Klassenstufe 3). Diese Vorgehensweise berücksichtigt ein breiteres Spektrum von Anforderungen, geht aber zu Lasten der Differenziertheit der Rückmeldung. Auf der anderen Seite bietet der Text gerade dadurch sehr konkrete Ansatzpunkte für ein vertiefendes Elterngespräch.

Die beiden Textpassagen verdeutlichen auch, dass in dem Moment, in dem man sich darauf einlässt, den Zeugnistext für die differenzierte Beschreibung der Lernbemühungen der Kinder zu nutzen, nicht mehr die zu erreichenden normativen Standards, sondern die Anstrengungen des Kindes auf dem Wege, sie zu erreichen, im Mittelpunkt stehen. Damit würdigt man die tagtäglich von den Kindern vollbrachte Leistung, die Anforderungen des Schulalltags zu meistern. Die damit zum Ausdruck gebrachte Anerkennung gilt dem Kind und nicht dem, was es laut Rahmenplan einmal können müsste. Womit wir bereits bei der Frage sind, wie in einer Verbalbeurteilung das Prinzip der Ermutigung verwirklicht werden kann.

Ermutigung aller statt Lob der „Guten"

„Sich immer wieder aufs Neue bewähren zu können, also etwas leisten zu wollen und zu können, ist dem Menschen immanent" (Jürgens 1996, S. 8). Ziel einer ermutigenden Rückmeldepraxis sollte es sein, diese Freude am Lernen und diese Zuversicht, lernen zu können, zu erhalten und zu stärken. Dies unterstützt auch den kindlichen Willen, etwas zu erreichen, sich ernsthaft den schulischen Anforderungen zu stellen und dabei u. U. über sich selbst hinauszuwachsen oder eigene Grenzen zu überwinden („Er gab auch bei schwierigen Aufgaben nicht auf." - „Er kämpfte mit seiner ganzen Kraft um beste Ergebnisse.")

Anerkennung in diesem Sinne ist etwas qualitativ anderes als Lob: „Wenn ich Anerkennung erfahre, erfahre ich mich selbst. Wenn ich gelobt oder getadelt werde, höre ich, wie jemand anders über mich denkt. Ich erfahre ihn" (Mann 1990). Lobende Worte haben den Charakter einer positiven Verstärkung bestimmter Verhaltensweisen. Sie sind resultatsgebunden und enthalten implizit die Rückmeldung, dass das gezeigte Verhalten den normativen Standards genügt. Das führt notwendigerweise dazu, dass ein Kind, das diesen Standards nicht gerecht wird, weniger Anlass zu positiven Bekräftigungen seines Verhaltens und Lob bietet als ein leistungsstarkes Kind.

Die Texte von Anna, Lisa, Kathrin und Marcel zeigen, dass man auch ohne Worte wie „vorbildlich" und „lobenswert" deutlich machen kann, welche Leistungen - im Sinne einer pädagogischen Betrachtung von Leistung - die Kinder im zurückliegenden Jahr vollbracht haben, und das auch, wenn das bisher Erreichte noch nicht den letztlich angestrebten Lernzielen entspricht. Die Textauszüge verdeutlichen, dass die in den Texten enthaltene Anerkennung und die Wertschätzung, die die Verfasser den von ihnen beurteilten Kindern entgegenbringen, nicht an einzelnen Aussagen festgemacht werden kann. Sie ergibt sich aus den Texten durch die differenzierte und individuelle Darstellungen des beobachteten Lernverhaltens, in denen Stärken und besondere Fähigkeiten beschrieben und persönliche Lernfortschritte benannt werden. Die Texte verdeutlichen des Weiteren, dass dies kritische Anmerkungen keineswegs ausschließt, sondern konstruktive Kritik erst möglich macht.

Konstruktive Kritik und förderdiagnostische Hinweise statt Negativ-Bilanzen und Tadel

Berichtszeugnisse sollten nicht nur durch die Vermittlung von Könnenserlebnissen motivieren, sondern auch zu Veränderungen und Weiterentwicklungen ermutigen. Dies erfordert, dass der veränderungs- bzw. förderungswürdige Sachverhalt nachvollziehbar rückgemeldet wird. Wünschenswert im Sinne der vollständigen Umsetzung der Intentionen von Berichtszeugnissen wäre, dass der Darstellung des „Förderanlasses" realisierbare Empfehlungen folgen, die auf einer Analyse der dem beobachteten Verhalten zugrunde liegenden Ursachen basieren und zielgerichtete Veränderungen und Weiterentwicklungen ermöglichen.

Im Rahmen der qualitativen Inhaltsanalyse von 247 Berliner Berichtszeugnissen fanden sich zwei Textpassagen, die sowohl eine Darstellung eines Förderanlasses, ein Nachdenken über die möglichen Ursachen sowie zukunftsorientierte Hinweise enthalten.

> Im Lesen fällt es ihr leicht, bekannte sowie unbekannte Wörter auf einen Blick zu erfassen. Darum kann sie Texte still gut lesen und deren Inhalt wiedergeben. Der laute Lesevortrag gelingt ihr noch nicht immer zügig. Darum sollte sie lautes Vorlesen besonders üben, damit sie ihre Lesefertigkeiten weiter vervollkommnet.

Die einleitende Beschreibung des stillen Lesenkönnens des Kindes begründet, dass die Ursache für die beobachtete Schwierigkeit in mangelndem Training der Fertigkeit des lauten Lesens gesehen wird. Allerdings wird die Schwierigkeit nur mit „noch nicht immer zügig" gekennzeichnet und nicht im eigentlichen Sinne differenziert beschrieben. So bleibt offen, wie sich dieses „noch nicht immer zügig" konkret äußert. Und es bleibt offen, ob zum Beispiel in Abhängigkeit vom Bekanntheitsgrad des Textes oder der Situation, in der der Lesevortrag erfolgt, dieses „noch nicht immer zügig" variiert. Die Empfehlung, „lautes Vorlesen besonders (zu) üben", überträgt die Verantwortung für die Bewältigung der Schwierigkeit dem Kind und den Eltern. Die letzte Anmerkung („damit sie ihre Lesefertigkeiten weiter vervollkommnet") wirft noch einmal die Frage nach der wirklich beobachteten Schwierigkeit auf, da diese Formulierung prinzipiell die Vermutung nahe legt, dass es primär um die Vervollkommnung und nicht um den grundsätzlichen Erwerb der Fertigkeit des Vorlesens geht.

Die zweite Textpassage kann eigentlich nur in Hinblick auf den grundsätzlichen Ansatz der Aussage als vollständiger förderdiagnostischer Hinweis verstanden werden:

> Einige Schwierigkeiten hat er noch bei der Subtraktion mit Zehnerüberschreitung. Hier benötigt er meist noch individuelle Hilfen und gelegentliche Anschauung. Dies resultiert daraus, dass er sich nur unzureichend auf diesen Aufgabentyp konzentriert.

Es wird zwar die Schwierigkeit dargestellt, dann folgt aber der Bericht über die erfolgte Unterstützung. Dabei wird nicht dargestellt, wie diese individuellen Hilfen aussahen und was unter gelegentlicher Anschauung zu verstehen ist. Die Formulierung, dass er gelegentliche Anschauung benötigte, enthält implizit auch eine Information über mögliche Ursachen, denn offensichtlich bereitet es dem Jungen Schwierigkeiten, ohne konkrete Operationalisierung die gestellten Aufgaben zu bearbeiten. Interventionsempfehlungen fehlen gänzlich, denn die eigentliche Information ist, dass die Ursache für die Schwierigkeiten in der mangelnden Konzentration des Kindes gesehen wird. Da das Konstrukt „Konzentration" aber verschiedene Komponenten umfasst (vgl. Heller/Nickel 1980, S. 235), wird wiederum deutlich, wie nötig differenzierte Beschreibungen sind, im konkreten Fall die der Beobachtung, wie sich diese „unzureichende Konzentration" äußert. Generell sei an dieser Stelle zweierlei angemerkt:

1) Je verkürzter ein Sachverhalt dargestellt wird, desto ungewisser ist, ob der Leser ihn vor dem Hintergrund seines Erfahrungswissen angemessen versteht. Dies gilt insbesondere für die Verwendung von unkommentierten Fachbegriffen.

2) Die fundierte Analyse der Ursachen für kindliche Verhaltensweisen ermöglicht es, das konkret beobachtete Verhalten eines Kindes mit Entwicklungsmodellen in Beziehung zu setzten. Damit kann in besonderer Weise die Betrachtung des Schulkindes als sich verändernde Persönlichkeit, die in bestimmten Lebensabschnitten bestimmte Kompetenzen er-

wirbt, öffentlich gemacht und Stereotypisierungen entgegengewirkt werden. Die beiden nachfolgenden Textbeispiele zeigen, dass der Grad der Differenziertheit der Darstellung des Förderanlasses sowie der vermuteten Ursachen und die Möglichkeit der Formulierung praktikabler Empfehlungen vom jeweiligen „Förderanlass" selbst abhängt.

So finden wir in Annas Text ausschließlich eine sehr ausführliche und reflektierende Rückmeldung des durch die Lehrerin beobachteten Verhaltens Annas im Umgang mit ihren Mitschülern, da Empfehlungen wie „Anna sollte sich bemühen, anderen Kindern zuzuhören" u. Ä. der Komplexität der hier beschriebenen Schwierigkeiten Annas nicht gerecht werden würden:

> Anna konnte bei den Klassengesprächen aber auch ihr Desinteresse sehr gut zur Geltung bringen; dann zeigte sie sich gelangweilt und teilweise leicht gereizt und verärgert, dass ihr Zeit verloren ging ihren eigentlichen Interessen nachzugehen. Dieses Verhalten zeigte sie teilweise auch im Umgang mit anderen Kindern, was manchmal zu großer Verunsicherung und Hilflosigkeit führte. Davon war auch Anna betroffen, die sehr wohl erkannte, dass sie sich nicht richtig verhalten hatte, dies aber nicht zugeben konnte. Dann versuchte sie sich Verstärkung durch ihre Freundinnen zu holen, was die Situation wiederum zuspitzte. Da Anna ein stark ausgeprägtes Gerechtigkeitsempfinden hat, litt sie oft selbst am meisten unter den von ihr verursachten Missstimmungen, es fiel ihr aber sehr schwer Lösungswege aus solchen Konflikten zu finden. Über behutsame, aber durchaus kritische Hilfe, war Anna dann sehr froh und dankbar.

In der Passage aus Lisas Verbalbeurteilung liegt der Schwerpunkt der Aussage auf einer zukunftsorientierten Empfehlung:

> In Phasen von Lehrgangslernen war Lisa meist aufmerksam, ließ sich gelegentlich aber auch ablenken. Eine zu enge freundschaftliche Bindung erwies sich manchmal im Unterricht als hinderlich. Lisa sollte lernen, auch zu anderen Kindern Arbeitsbeziehungen aufzunehmen.

Insbesondere im Zusammenhang mit Schwierigkeiten bei der Umsetzung fachlicher Anforderungen sollte das förderdiagnostische Potenzial verbaler Beurteilungen durch die Formulierung zukunftsorientierter Lehr-Lern-Empfehlungen verstärkt genutzt werden. Vor dem Hintergrund, dass Kinder und Eltern Zeugnissen eine hohe Akzeptanz entgegenbringen und auch bereits die am Ende von Klasse 1 erteilten Verbalbeurteilungen von Kindern und Eltern aufmerksam und kritisch wahrgenommen werden, dürften Empfehlungen wie wir sie in Briefen einer Lehrerin an ihre Schüler fanden, etwas anders formuliert, auf „fruchtbaren Boden fallen": „Einen kleinen Tipp zum Üben habe ich: Fange doch an, Papi die Zeitung vorzulesen. Natürlich nicht die ganze. Ein toller Beginn wären die Überschriften." Oder: „Wenn du jeden Tag ein paar Minuten das Rechnen im Kopf übst, brauchst du bald nicht mehr so viel Zeit zum Überlegen und rechnest schneller als ich."

Die intentionsgemäße Umsetzung der förderdiagnostischen Funktion verbaler Beurteilungen sollte sich aber keinesfalls ausschließlich auf die Überwindung von Schwierigkeiten und Problemen richten. Sie sollte in gleicher Weise die Weiterentwicklung und Vervollkommnung bereits erworbener Kompetenzen unterstützen. Auch leistungsstarke Kinder benötigen zukunftsorientierte Zielsetzungen, so wie Tilo.

> Tilo zeigt großes Interesse am Sachkundeunterricht. Besonders bei den mündlichen Erarbeitungen konnte er der Klasse durch sein gutes Sachwissen und seine logische Denkweise oft weiter helfen. Dadurch zeigte er, dass er die neuen Begriffe gelernt und gut behalten hat, das Beenden der schriftlichen Ergebnisse fiel ihm allerdings noch schwer.

Was ist nun eine gute verbale Beurteilung?

Ob ein Berichtszeugnis im Sinne der pädagogischen Qualität eine „gute" Verbalbeurteilung ist, ist primär davon abhängig, inwieweit in ihr das grundlegende Konzept einer konsequent am pädagogischen Leistungsbegriff ausgerichteten Leistungsbeurteilung umgesetzt wurde. Wie dies im Einzelnen sprachlich gestaltet wird, wird maßgeblich durch die Individualität der Verfasser bestimmt - entscheidend ist, dass die Texte im Rückblick auf das bisher Erreichte Perspektiven für das weitere Lernen eröffnen.

10. Sind Lehrerinnen, die verbal beurteilen, reformorientierter?

Zu Unterrichtsorganisation und Rückmeldeverhalten

von Matthea Wagener

Ausgangspunkt des Projekts NOVUS (Noten oder Verbalbeurteilung: Unterrichtsorganisation und Sanktionsverhalten) war die Frage, ob Lehrende, die sich für die verbale Beurteilung aussprechen, eine stärkere Reformorientierung aufweisen als Lehrende, die für die Notengebung plädieren. Im Mittelpunkt der Untersuchung stand die Beobachtung von Grundschulunterricht, und zwar die Frage, wie Lehrerinnen den Unterricht gestalten und welche Formen der Rückmeldung sie im alltäglichen Unterricht verwenden, ob sie eher loben oder tadeln, ob sie außer den kognitiven Leistungen auch das Arbeits- und Sozialverhalten der Kinder rückmelden und welche Bezugsnorm sie dabei anwenden.

Die Autorin dieses Beitrags und eine Studentin der Grundschulpädagogik mit schulpraktischen Erfahrungen beobachteten und protokollierten 138 Unterrichtsstunden bei jeweils sieben Lehrerinnen in dritten Klassen aus Ost- und Westberlin in den Lernbereichen Deutsch, Mathematik, Sachunterricht und Bildende Kunst. Bei denjenigen Lehrerinnen, die sich für die verbale Beurteilung der Kinder aussprachen, waren es 71, bei den Befürworterinnen der Zensurengebung 67 Unterrichtsstunden. Schwerpunktmäßig beobachteten wir die Unterrichtsorganisation der Lehrenden und nicht das Verhalten der Schülerinnen und Schüler.

Wie gestalten Grundschullehrerinnen ihren Unterricht?

Mit einer verbalen Beurteilung kann die Lernentwicklung von Kindern differenziert und individuell beschrieben werden. Nicht nur Lernergebnisse, sondern auch Lernprozesse können beurteilt werden. Dies setzt voraus, dass sich der Unterricht an einem pädagogischen Leistungsbegriff orientiert und von den individuellen Lernvoraussetzungen, -entwicklungen und -bedürfnissen der Schülerinnen und Schüler ausgeht. Hierfür eignen sich „offene" Unterrichtskonzepte bzw. Formen schülerorientierten Unterrichts wie Binnendifferenzierung, Freiarbeit, Gruppenarbeit, Wochenplan u. Ä. Da wir vermuteten, dass ein Zusammenhang zwischen der Aufgeschlossenheit gegenüber „offenen" Unterrichtskonzepten und der Befürwortung von verbalen Beurteilungen besteht, untersuchten wir die beobachteten Unterrichtsstunden daraufhin, ob einzelne Unterrichtsmerkmale eher den Kriterien *schülerorientierten* oder *lehrerzentrierten* Unterrichts entsprachen. Anhand der Fachliteratur zum schülerorientierten Unterricht (Jürgens 1998, Ramseger 1977, W. Wallrabenstein 1991) und der Sichtung der Unterrichtsprotokolle entwickelten wir ein Kategorienschema. Dabei ging es uns nicht darum, eine Lehrmethode als die beste zu bewerten, sondern um eine Beschreibung eines Ist-Zustandes in Grundschulklassen in Verbindung mit der Einstellung der Lehrenden zur Beurteilungsform.

Besonderen Augenmerk legten wir auf folgende *Dimensionen des Unterrichts*: Organisation des Unterrichtsverlaufs, Sozialformen, Lernkontrolle, Lernaktivitäten und Arbeitsmaterialien.

Eine Unterrichtsstunde wurde auf allen fünf Dimensionen als *schülerorientiert* eingestuft, wenn sie folgenden Kriterien entsprach:

- Die Kinder arbeiteten mit einem Tages- oder Wochenplan, bestimmten Tempo und Reihenfolge ihrer Arbeit selbst, konnten zwischen Aufgaben unterschiedlicher Schwierigkeit wählen und hatten die Möglichkeit, sich für eine Sozialform zu entscheiden, die ihren individuellen Bedürfnissen entsprach.
- Die Kinder arbeiteten zusammen in Partner- und Gruppenarbeit, halfen sich gegenseitig oder tauschten sich über ihre Arbeit aus.
- Außer der Lehrerin überprüften auch die Kinder selbst und/oder in Partnerarbeit ihre Arbeit.
- Zusätzlich zu traditionellen Arbeitsmaterialien wie Schulbücher, Hefte u. Ä. verwendeten sie Lernkarteien, Lernspiele, Sachbücher, Kassettenrecorder, Knete, Werkmaterial usw.
- Nicht nur der kognitive Bereich, sondern auch die emotionale, soziale und „praktische" Ebene wurden angesprochen z.B. durch Singen, Spielen, Tanzen und Werken.

Demgegenüber betrachteten wir die oben genannten Dimensionen als *lehrerzentriert*, wenn die Kinder während einer Unterrichtsstunde Aufgaben desselben Schwierigkeitsgrades innerhalb eines von der Lehrerin genau festgelegten Zeitraums bearbeiteten, überwiegend Frontalunterricht und Einzelarbeit stattfanden, wenn Arbeiten der Kinder ausschließlich von der Lehrerin kontrolliert wurden und der Schwerpunkt auf der Vermittlung von Kompetenzen im kognitiven Bereich lag. Singen, Spielen, Tanzen, und Entspannungsphasen wurden im Unterricht, der als lehrerzentriert galt, nicht praktiziert. Als Arbeitsmaterialien, die eher einem lehrerzentrierten Unterricht entsprechen, wurden „traditionelle" Materialien wie Schulbücher, Arbeitsbögen, Hefte, Tafel u. Ä. eingestuft.

Der Unterricht bei den beobachteten Lehrerinnen ist als sehr facettenreich zu charakterisieren, so dass eine eindeutige Zuordnung zu den Polen des „schülerorientierten" und „lehrerzentrierten" Unterrichts kaum möglich war. Insgesamt stuften wir einzelne Unterrichtsmerkmale zu einem wesentlich größeren Anteil als „lehrerzentriert" ein im Vergleich zu „schülerorientierten" Merkmalen. In lediglich knapp 20% der beobachteten Unterrichtsstunden arbeiteten die Kinder mit einem Tages- oder Wochenplan. Sozialformen wie Partner- oder Gruppenarbeit, aber auch der Austausch über Arbeitsergebnisse und Vorgehensweisen zwischen den Kindern trafen wir in etwa einem Drittel der beobachteten Unterrichtsstunden an. Dabei belief sich der Anteil an Gruppenarbeit jedoch nur auf 3 Unterrichtsstunden. Die Funktion der Kontrolle von Lernergebnissen wurde überwiegend von den Lehrerinnen übernommen. Situationen, in denen die Kinder ihre Arbeit eigenständig und lehrerunabhängig überprüften, beobachteten wir in einem Sechstel der beobachteten Stunden. Ebenso gering war der Anteil an „schülerorientierten" Lernaktivitäten.

Im Vordergrund des beobachteten Unterrichts stand die Vermittlung von Kompetenzen im kognitiven Bereich. Tätigkeiten wie Singen, Spielen, Tanzen und Werken haben wir nur selten beobachten können. Die Arbeitsmaterialien, die im Unterricht zum Einsatz kamen, bestanden überwiegend aus Schulbüchern, Heften und Arbeitsbögen. In knapp einem Zehntel der beobachteten Unterrichtsstunden arbeiteten die Schülerinnen und Schüler über diese „herkömmlichen" Arbeitsmaterialien hinaus mit Lernkarteien, Lernspielen und Ähnlichem. Diese Ergebnisse bestätigen Befunde aus dem Forschungsprojekt OASE (Offene Arbeits- und Sozialformen entwickeln), denen zufolge eine konsequente Öffnung des Unterrichts allenfalls von 5 bis 15% der Lehrenden realisiert wird (Brügelmann 1998).

Zu konstatieren ist jedoch, dass in unserer NOVUS-Stichprobe schülerorientierte Unterrichtsmerkmale weit häufiger bei den Befürworterinnen der verbalen Beurteilung anzutreffen waren: in 71 beobachteten Unterrichtsstunden wurden insgesamt 116 Merkmale als „schülerorientiert" eingestuft, während bei den Anhängerinnen von Zensuren nur 16 „schülerorientierte" Merkmale in 67 Unterrichtsstunden beobachtet wurden. Statistisch signifikante Unterschiede wurden bezüglich der Organisation des Unterrichtsverlaufs, der Sozialformen und der Lernkontrolle festgestellt. Bei Befürworterinnen verbaler Beurteilung arbeiteten die Kinder häufiger mit einem Tages- oder Wochenplan, hatten mehr Mitbestimmungsrechte bei der Wahl der Sozialform und konnten ihre Lernergebnisse auch lehrerunabhängig überprüfen.

Anzumerken ist auch, dass die Klassenraumgestaltung bei Befürworterinnen der verbalen Beurteilung häufiger schülerorientierte Elemente auffinden ließ, wie die Anordnung der Tische in Gruppen, die Aufteilung des Raums in Lernzonen, verschiedene Arbeitsmaterialien, die den Kindern frei zugänglich waren, eine Wandgestaltung, die über die Sicherung von Lernergebnissen hinaus die Möglichkeit der persönlichen Gestaltung von Seiten der Kinder widerspiegelte, sowie zusätzlich zum Schulmobiliar vorhandene Einrichtungsgegenstände wie Sofa, Teppich, Pflanzen u. Ä. und persönliche Dinge der Kinder.

Wie ist die Gestaltung des Unterrichts einzuschätzen?

Als Ergänzung zum Unterrichtsprotokoll wurde eine gekürzte Version des Bogens zur retrospektiven Unterrichtsbeschreibung (Helmke/Renkl 1993) aus der SCHOLASTIK–Studie eingesetzt. Damit wurde die Ausprägung der Dimensionen „effektive Klassenführung", „Adaptivität des Unterrichts" und „positives Sozialklima" auf einer fünfstufigen Skala eingeschätzt.

Die Effizienz der Klassenführung stuften wir zum Beispiel als hoch ein, wenn in einer Klasse ein Regelsystem existierte, das auf gemeinsamen Vereinbarungen beruhte und im Wesentlichen befolgt wurde. Zum Beispiel bedeutete das Betätigen einer Glocke in einer Klasse, dass Ruhe einkehren sollte, oder beim Auswendiglernen eines Gedichts durfte sich jedes Kind einen Platz im Klassenraum suchen, es sollte jedoch niemand gestört werden. Diese Klassenregeln setzten die Eigenverantwortung der Kinder voraus. Als gering ausgeprägt wurde die Klassenführung beispielsweise eingeschätzt, wenn eine Lehrerin die Kinder sehr häufig ermahnte und Strafen androhte, die letztlich aber keine Konsequenzen für die Schülerinnen und Schüler hatten, so dass aufgrund der vielen Unterrichtsstörungen und Ermahnungen viel Arbeitszeit verloren ging.

Adaptiver Unterricht lässt sich beispielsweise durch innere Differenzierung, die Variation der Art und Schwierigkeit von Fragen in Abhängigkeit von individuellen Eingangsbedingungen, durch besondere Förderung leistungsschwacher Schülerinnen und Schüler sowie durch das Gewähren eines großen Selbstständigkeitsspielraums realisieren. Gute Voraussetzungen bieten hierfür schülerorientierte Gestaltungsmerkmale des Unterrichts wie Tages- oder Wochenplan, verschiedene Sozialformen und Kontrollmöglichkeiten, sowie ein Angebot unterschiedlicher Lernaktivitäten und Arbeitsmaterialien. Gering ausgeprägt war diese Dimension bei Lehrerinnen, die die individuellen Lernvoraussetzungen der Kinder im Unterricht fast gar nicht berücksichtigten, die beispielsweise jede Aufgabe bis ins Detail vorgaben und ständig im Wechsel von Frontalunterricht und Einzelarbeit im Gleichschritt Aufgaben an die Kinder stellten. Differenzierte Aufgabenstellungen wurden von diesen Lehrerinnen nicht angeboten, es sei denn ein größeres Pensum an Aufgaben für diejenigen Kinder, die zügiger arbeiteten als andere.

Ein positives Sozialklima zeichnete sich dadurch aus, dass ein freundlicher Umgangston vorherrschte, die Lehrerinnen den Kindern zugewandt waren und auf ihre Bedürfnisse eingingen. Sie sorgten dafür, dass auf Arbeitsphasen auch Entspannungsphasen folgten, in denen sich die Kinder bewegten, spielten oder sangen. Die Lehrerinnen ermutigten die Kinder, sich gegenseitig zu helfen. Auch Gefühle der Kinder wurden von der Lehrerin beachtet oder thematisiert. Als weniger günstig wurde das Klassenklima dann eingestuft, wenn im Unterricht keine Privatbelange der Kinder thematisiert wurden, Entspannungsphasen ebenso fehlten wie humorvolle Momente, in denen die Schülerinnen und Schüler Spaß hatten und lachten, und wenn beispielsweise der von der Lehrerin geplante Lernstoff Vorrang vor „aktuellen" Lernanlässen hatte.

Obwohl es eine breite Streuung der Ergebnisse zwischen den einzelnen Lehrerinnen gab, hatten die Befürworterinnen der verbalen Beurteilung insgesamt höhere Werte als die Anhängerinnen der Zensurengebung, mit Ausnahme der Störungskontrolle, die gleich eingestuft wurde. Besonders augenfällig waren die Unterschiede bei den Bereichen „Schülerzentriertheit", „Variabilität von Unterrichtsformen", „Individualisierung" „Akzeptanz/Privatbereich" und „Thematisierung von Gefühlen". Die Ergebnisse sind im Zusammenhang mit der Wechselwirkung zwischen verbaler Beurteilung und schülerorientierter Unterrichtsorganisation zu interpretieren, in der das Kind stärker als Ganzheit mit seinen Bedürfnissen und Wünschen wahrgenommen und zum Lernen und Leisten ermutigt wird.

Welche Rückmeldungen bekommen Kinder im Unterricht?

Rückmeldungen über Lernerfolg und -misserfolg bekommen Kinder nicht nur in schriftlicher Form als Zeugnis, nach Klassenarbeiten, Lernkontrollen und Ähnlichem, sondern auch verbal oder nonverbal im Unterricht. Die Leistungsrückmeldungen der Lehrerinnen, die sich auf kognitive Leistungen bezogen, wurden in 118 Beobachtungsphasen während einer Dauer von jeweils 20 Minuten pro Unterrichtsstunde erhoben. Mit der Beobachtung begannen wir jeweils zehn Minuten nach Stundenbeginn. Zur Erhebung der Leistungsrückmeldungen setzten wir das Beobachtungssystem von Paetzold (1982) ein, in dem elf voneinander abgegrenzte Kategorien erfasst werden: Neben Lob, Tadel, Zustimmung und Ablehnung wurden auch zustimmende und ablehnende nonverbale Rückmeldungen sowie das Ausbleiben von Rückmeldungen registriert.

Dadurch dass eine Lehrperson den Beitrag eines Kindes lobt, annimmt, ablehnt oder lächerlich macht, erfahren die Kinder, ob sie etwas richtig oder falsch gemacht haben, ob sie einer Aufgabe gewachsen sind, ihr Beitrag akzeptiert oder zurückgewiesen wird, wie sie wirken und wie sie bei der Lehrerin, den Mitschülerinnen und Mitschülern „ankommen". Das heißt, dass auch mündliche Leistungsrückmeldungen sowohl sachliche Informationen als auch emotionale Komponenten enthalten. Sie beziehen sich auf Leistungen, die das kognitive Lernen betreffen, sowie auf Aspekte des Arbeits- und Sozialverhaltens. Rückmeldungen stellen einen wesentlichen Bestandteil des Unterrichts dar, da sie Lernprozesse von Schülerinnen und Schülern beeinflussen. Sie haben kurz- und langfristige Auswirkungen auf Lernende. Lißmann (1981) zufolge dienen sie kurzfristig und unmittelbar der Orientierung und Lenkung des Lernens. Langfristig und mittelbar bestimmen sie Lernmotivation, Einstellungen, Interessen etc. der Kinder.

Rückmeldungen können ganz unterschiedlicher Art sein. Nach Bartnitzky (1999) gibt die Sache selbst, beispielsweise die richtig oder falsch gelöste Aufgabe oder ein gestaltetes Kunstwerk, die wichtigste und lernwirksamste Rückmeldung für die Selbsteinschätzung. Allerdings ist es notwendig, dass die Kinder die Kriterien kennen oder selbst an den Kriterien mitarbeiten (vgl. ebd.). Das Kind kann sich auch selbst bestätigen, indem es seine Leistungen zum Beispiel anhand des Wochenplans kontrolliert oder den Lernzuwachs mit einer Lernkartei überprüft. Auch untereinander können sich Schülerinnen und Schüler Rückmeldungen geben, beispielsweise beim Vorstellen und Kritisieren ihrer Arbeiten. Diese lehrerunabhängigen Rückmeldungen können dazu führen, dass die Kinder kritikfähig, selbstständig und unabhängig von Bestärkungen der Lehrperson werden, was sich positiv auf die intrinsische Motivation auswirken kann.

Rückmeldungen werden von Lehrerinnen und Lehrern an das einzelne Kind, an eine Gruppe oder die ganze Klasse erteilt. Dabei kann angenommen werden, dass gleiche Rückmeldungen auf verschiedene Kinder unterschiedlich wirken bzw. verschiedene Rückmeldungen in gleicher Weise wirken (vgl. Johannesson 1974).

Leistungsrückmeldungen können auch danach unterschieden werden, ob sie lediglich Informationen darüber enthalten, ob ein Ergebnis oder eine Aussage „richtig" oder „falsch" ist (undifferenziert) oder ob sie darüber hinaus Auskunft geben, warum eine Leistung richtig oder falsch ist und was noch gelernt werden soll (differenziert). Differenzierte Rückmeldungen enthalten mehr Informationen und versprechen, „wirksamer" zu sein gegenüber den undifferenzierten Leistungsrückmeldungen (vgl. Lißmann 1981).

Ebenfalls von Bedeutung ist die *Bezugsnorm*, unter der eine Leistungsrückmeldung erteilt wird. Unter dem Begriff „Bezugsnorm" ist nach Klauer (1987, S. 182) der Wert zu verstehen, „an dem etwas beurteilend gemessen, auf den etwas bezogen wird und der insoweit normierend wirkt, als er der Maßstab für die Beurteilung ist." In der Fachliteratur werden die *sachliche*, die *soziale* und die *individuelle* Bezugsnorm unterschieden (vgl. u.a. Rheinberg 1980). Dass sich Lehrerinnen und Lehrer für jeweils nur eine der genannten Bezugsnormen entscheiden, ist in der Unterrichtspraxis unwahrscheinlich. Nach Klauer (1987) ist es denkbar, dass Lehrkräfte situationsbedingt wechseln, je nach Schülerin bzw. Schüler differenzieren oder alle drei Bezugsnormen anwenden.

Eine soziale Bezugsnormorientierung liegt vor, wenn ein aktuelles Lernresultat mit dem durchschnittlichen Leistungsniveau der Bezugsgruppe (Schulklasse) oder mit einzelnen Mitschülerinnen und Mitschülern verglichen wird (vgl. Rheinberg 1987). Zwar werden die Noten in Deutschland seit 1969 kriterial über Anforderungen definiert, da aber diese Anforderungen nicht genau definiert sind, verführt die Ziffernnote nach wie vor dazu, als Bezugssystem die soziale Norm zu verwenden, also sich am Leistungsdurchschnitt zu orientieren. Hinzu kommt, dass es sich in der Praxis nur schwer vermeiden lässt, die einzelnen Leistungen der Kinder miteinander zu vergleichen und sie innerhalb ihrer Bezugsgruppe einzuschätzen.

Die sachliche Bezugsnorm wird auch die curriculare oder kriteriumsorientierte Bezugsnorm genannt. Der Beurteilung liegen sachliche und fachliche Anforderungen zugrunde, die an den Lernenden gestellt werden. Diese werden im Bezug auf angestrebte Lernziele formuliert. Um mit dieser Bezugsnorm beurteilen zu können, müssen die Kriterien zuvor präzise festgelegt werden. Bei einer Klassenarbeit ist zum Beispiel zuvor klar festzulegen, wie viele Punkte erforderlich sind, um das Ziel erreichen zu können (vgl. Klauer 1987).

Bei der Anwendung der individuellen Bezugsnorm steht der persönliche Lernfortschritt einer Schülerin oder eines Schülers im Zentrum der Aufmerksamkeit. Als gut wird eine Leistung dann erachtet, wenn sich ein Kind verbessert oder gleich bleibende Leistungen auf hohem Niveau erbringt. Die Leistungen des Kindes werden als schlecht eingestuft, wenn das Kind leistungsmäßige Rückschritte macht oder wenn es zur Stagnation auf niedrigem Niveau kommt (vgl. Sacher 1996). Besonders in den Anfangsklassen der Grundschule wird die individuelle Bezugsnorm empfohlen, und zwar unter dem Gesichtspunkt der Vermeidung von Misserfolgen und dem Aufbau und der „Konsolidierung von Ich-Stärke bzw. Ich-Identität (ich bin etwas wert, ich bin mir etwas wert) aufgrund der Erfahrung und Gewissheit eigenen Könnens" (Jürgens 1999, S. 11).

Leistungsrückmeldungen im kognitiven Bereich

Unter einer Leistungsrückmeldung im kognitiven Bereich wurde die verbale oder auch nonverbale Reaktion der Lehrerin auf die Ausführung einer mündlichen oder schriftlichen Schülerleistung verstanden. In die Auswertung der Leistungsrückmeldungen gingen insgesamt 1783 Signaturen ein. Aus dieser Anzahl ergab sich ein Mittelwert von 15,1, das heißt, dass durchschnittlich pro Beobachtungsphase (20 Minuten) etwa 15 Leistungsrückmeldungen erteilt wurden. Diese wurden überwiegend in positiver

Form erteilt, beispielsweise in Form von „das ist richtig" oder „das hast du gut gemacht", „sehr schön" etc., was bedeutet, dass die Kinder in ihren Leistungen bekräftigt wurden. Übertragen auf eine Unterrichtsstunde von 45 Minuten heißt das, dass die Lehrerinnen etwa 34 Leistungsrückmeldungen erteilten, womit sie sich selbst sehr hohen Anforderungen bezüglich ihrer Reaktionsfähigkeit, ihrem Sprechanteil, aber auch ihrer Dominanz im Unterricht aussetzten. Allerdings variierte die Anzahl der erteilten Leistungsrückmeldungen pro Beobachtungsphase und Lehrerin zwischen 5 und 20.

Die Befürworterinnen der Zensurengebung gaben insgesamt fast doppelt so viele Leistungsrückmeldungen wie die Anhängerinnen der verbalen Beurteilung und etwas häufiger differenzierte im Vergleich zu undifferenzierten Rückmeldungen. Undifferenzierte Leistungsrückmeldungen wurden insgesamt wesentlich häufiger beobachtet als differenzierte. Ein großer Anteil der differenzierten Leistungsrückmeldungen, nämlich 166 von insgesamt 237, wurden als Ablehnungen registriert. Die Lehrerinnen begründeten also eher, weshalb sie eine Leistung als „falsch" beurteilten, beispielsweise „dieser Begriff ist nicht richtig geschrieben, da Ländernamen Nomen sind und Nomen großgeschrieben werden", hielten es aber für weniger notwendig, Hinweise dafür zu geben, warum sie einer Leistung zustimmten zum Beispiel: „Dieser Begriff ist richtig geschrieben, da Ländernamen Nomen sind und Nomen großgeschrieben werden."

Was die verwendeten Bezugsnormen betrifft, ist festzuhalten, dass von allen Lehrerinnen Leistungsrückmeldungen, die sich auf den Bereich der kognitiven Leistung bezogen, zu 95% unter der sachlichen Bezugsnorm erteilt wurden, wie zum Beispiel: „Das hat mit der Geschichte oben gar nichts zu tun, was du da geschrieben hast!" oder: „Das ist richtig."

Die individuelle Bezugsnorm, unter der die persönlichen Lernfortschritte der Kinder ausschlaggebend beurteilt werden, wurde eher selten registriert, nämlich insgesamt 35-mal. Eine Lehrerin sagte beispielsweise zu einem Schüler, dem sie sein Diktat zurückgab: „Du hast nur sechs Fehler, mit dein bestes Diktat! Super!" Unterschiede zwischen Anhängerinnen der Notengebung und der Verbalbeurteilung gab es hier nicht.

Noch seltener (insgesamt nur 28 Mal) wurde die Verwendung der sozialen Bezugsnorm beobachtet, zum Beispiel: „Du hast erst die erste Aufgabe beendet! Schau mal, deine Nachbarin ist schon viel weiter als du!"

Wie angenommen, war bei den Befürworterinnen der Zensurengebung die soziale Bezugsnorm etwas häufiger anzutreffen als bei den Anhängerinnen der verbalen Beurteilung. Allgemein betrachtet ist das Rückmeldeverhalten der Lehrerinnen als positiv zu bezeichnen, da während der Unterrichtsbeobachtungen wesentlich häufiger positive als negative Leistungsrückmeldungen erteilt wurden, und zwar im Verhältnis 3 : 1. Getadelt wurden die Schülerinnen und Schüler äußerst selten. Am häufigsten beobachteten wir undifferenzierte Zustimmungen unter Verwendung der sachlichen Bezugsnorm.

Im Zusammenhang mit der Unterrichtsorganisation lassen sich die Ergebnisse der beobachteten Lehrerinnen folgendermaßen interpretieren: Bei den Befürworterinnen der Zensurengebung waren signifikant mehr „lehrerzentrierte" Gestaltungsmerkmale im Unterricht anzutreffen als bei den Anhängerinnen der verbalen Beurteilung. Das betraf unter anderem auch die „Lernkontrolle", die von den Befürworterinnen der Zensurengebung ausschließlich selbst durchgeführt wurde und einen festen Platz im Unterricht hatte.

Es wäre zwar zu erwarten gewesen, dass den Kindern ihre Leistungen häufiger unter individueller Bezugsnorm mitgeteilt werden, da die individuelle Bezugsnorm dem pädagogischen Leistungsverständnis der Grundschule am ehesten gerecht wird. Dass die soziale Bezugsnorm jedoch fast ebenso selten registriert wurde, weist darauf hin, dass die Lehrerinnen, bezogen auf die kognitiven Leistungen der Kinder im Unterricht, nicht daran interessiert waren, Konkurrenzverhalten zu fördern, was als positiv zu bewerten ist.

Rückmeldungen zum Arbeits- und Sozialverhalten

Im Unterrichtsprotokoll hielten wir alle Rückmeldungen fest, die sich auf das Arbeits- und Sozialverhalten der Kinder bezogen. Zur Auswertung der Rückmeldungen wählten wir aus der Fachliteratur (vgl. Bartnitzky/Christiani 1987, Gaude 1989) diejenigen Kategorien aus, die sich nicht nur für eine Zeugnisbeurteilung eignen, sondern sich auch auf mündliche Rückmeldungen übertragen lassen. Dies geschah im Zusammenhang mit der Sichtung der Unterrichtsprotokolle.

Das Kategoriensystem umfasst folgende Dimensionen zum *Arbeitsverhalten*:

– Anstrengungsbereitschaft/Aufmerksamkeit/Konzentration/Ausdauer,
– Arbeitstempo,
– Arbeitsausführung,
– Selbstständigkeit,
– Kreativität.

Das *Sozialverhalten* wurde erfasst mit den beiden Kategorien

– Disziplin/Akzeptieren von Regeln und Anweisungen,
– Kooperationsverhalten.

Insgesamt wurden 790 Rückmeldungen protokolliert, was einem Mittelwert von 5,7 pro Unterrichtsstunde entspricht. Das bedeutet, dass im Durchschnitt etwa alle acht Minuten eine Rückmeldung zum Arbeits- und Sozialverhalten erteilt wurde, während zum kognitiven Bereich durchschnittlich fast in jeder Minute eine Leistungsrückmeldung registriert wurde. Die Anzahl der erhobenen Rückmeldungen variierte bei den einzelnen Lehrerinnen zwischen 2 und 14 Rückmeldungen pro Unterrichtsstunde. Zwischen Anhängerinnen der Verbalbeurteilung und der Notengebung gab es keine statistisch bedeutsamen Unterschiede.

Zum Arbeitsverhalten wurden etwa ein Viertel, zum Sozialverhalten drei Viertel der Rückmeldungen erteilt. Rückmeldungen zur Kategorie „Disziplin, Akzeptieren von Regeln und Anweisungen" erhoben wir weitaus am häufigsten, nämlich 559-mal. Dieser Kategorie konnten die meisten Ermahnungen (450) zugeordnet werden, wie beispielsweise: „Sei jetzt bitte ruhig" oder: „Es wird ja so laut hier! Ich bekomme ja Kopfschmerzen", was darauf zurückzuführen ist, dass wir einzelne Lehrerinnen beobachteten, die große Disziplinschwierigkeiten in ihren Klassen hatten. Zum anderen deutet die große Anzahl an Ermahnungen darauf hin, dass nichtangepasstes Verhalten die Lehrerinnen mehr stört als beispielsweise mangelnde Kreativität, Unselbstständigkeit oder mangelndes Kooperationsverhalten.

An zweiter Stelle ist die Anzahl der Rückmeldungen zur Kategorie „Anstrengungsbereitschaft/Aufmerksamkeit/Konzentration/Ausdauer" (123) zu nennen. Die Leistungen der Kinder in diesem Bereich wurden etwa zu gleichen Teilen gelobt (25), anerkannt (29) und getadelt (29), aber am häufigsten angemahnt (40).

In ihrer Anzahl eher unbedeutend waren die Rückmeldungen bezüglich der „Selbstständigkeit" (12), dem „Kooperationsverhalten" (15) und der „Kreativität" (1). Lediglich einmal wurde von einer Lehrerin mangelnder Ideenreichtum angemahnt: „Heute habt ihr aber gar keine Idee! Na ja."

Die Ergebnisse lassen sich im Zusammenhang mit der überwiegend lehrerzentrierten Unterrichtsorganisation interpretieren, die weniger darauf ausgelegt war, die Kinder zu eigenen Ideen und Lösungsvorschlägen zu ermutigen und ihre Selbständigkeit zu fördern. Vielmehr sollten größtenteils die von den Lehrerinnen vorgegebenen Aufgaben erfüllt werden, woraus verständlich wird, dass schwerpunktmäßig die Anstrengungsbereitschaft, das Arbeitstempo und die Arbeitsausführung der Kinder im „Interesse" der Lehrerinnen war. Die Rückmeldungen im Bereich des Sozialverhaltens sind ebenfalls im Kontext der lehrerzentrierten Unterrichtsorganisation zu betrachten, in dem diszipliniertes Verhalten eine wesentlich bedeutendere Rolle spielt als ein gelungenes Kooperationsverhalten, das einen Unterricht voraussetzt, der Kooperation überhaupt zulässt.

Während die Lehrerinnen das Arbeitsverhalten der Kinder mit insgesamt 107 positiven gegenüber 109 negativen Rückmeldungen bestätigten, wurde das Sozialverhalten häufiger negativ als positiv beurteilt. Aufgrund der 52 Rückmeldungen in Form eines Lobs bzw. einer Anerkennung und der Anzahl von 522 Ermahnungen und Tadeln lässt sich ein Verhältnis von 1 : 10

errechnen. Dieses Verhältnis bestätigt die Annahme von Paetzold/Lißmann (1982), wonach eher auf nicht angemessenes Betragen negative Rückmeldungen erfolgen als auf mangelnde kognitive Leistungen. Demgegenüber gab es zum Lernverhalten (kognitiver Bereich) mehr positive als negative Rückmeldungen. Daraus kann geschlossen werden, dass die Lehrerinnen, zumindest was den Aspekt des kognitiven Lernens betrifft, ihre Schülerinnen und Schüler zum Lernen und Leisten ermutigen, indem sie deren Leistungen anerkennen und ihnen ein positives Feedback geben.

Wie lässt sich *die* reformorientierte Lehrerin charakterisieren?

Die vielschichtigen Untersuchungsergebnisse fordern zu der Frage heraus: Welcher Lehrerin ist es zumindest annäherungsweise gelungen, die mit der Zeugnisreform in Verbindung stehenden Forderungen - wie ermutigende Erziehung statt Leistungsdruck, Förderung der sozialen Kooperation statt Konkurrenzverhalten, Erhöhung der Chancengleichheit statt Leistungsabfall der benachteiligten Kinder und individuelle Förderung statt frontal gesteuertem Lerngleichschritt - im Unterricht zu realisieren?

Im Folgenden wird eine Anhängerin der verbalen Beurteilung beschrieben, bei der viele „schülerorientierte" Merkmale zu beobachten waren. Es handelt sich um eine Lehrerin aus Ostberlin, von der zu erwarten gewesen wäre, dass sie ihren Unterricht noch eher in der Tradition der DDR-Pädagogik gestaltet. Die Lehrerin zeigte sich dem pädagogischen Leistungsbegriff, der verbalen Beurteilung und den Konzepten des „offenen" Unterrichts gegenüber sehr aufgeschlossen und sah die politischen Veränderungen als Chance, ihre Unterrichtspraxis neu zu überdenken, sich mit „neuen" Formen des Unterrichts auseinander zu setzen und sie im Unterricht umzusetzen. Die Lehrerin erklärte, dass sie an einer „überzeugenden" Weiterbildung zur verbalen Beurteilung teilgenommen habe. Sie habe auch versucht, den Eltern die Vorteile einer verbalen Beurteilung noch in Klasse 3 klarzumachen, musste sich jedoch wegen zwei Gegenstimmen bei der Abstimmung „fügen" und Zensuren erteilen. Allerdings fänden es die Eltern inzwischen schade, dass zensiert werde, da die Kinder Probleme hätten, vor allem schlechte Noten zu verkraften.

Im Unterricht fiel den Unterrichtsbeobachterinnen die freundliche, respektvolle und entspannte Atmosphäre in dieser Klasse auf. Es wurde gemeinsam gelacht, was bei einigen anderen Lehrerinnen unseres Erachtens zu kurz kam. Während der Arbeit mit dem Tagesplan ermutigte und unterstützte die Lehrerin die Kinder, indem sie sich zu einzelnen Kindern setzte, ihnen etwas erklärte, oder sie ermunterte, auch eine schwierige Aufgabe zu erarbeiten. Andererseits nahm sich die Lehrerin auch zeitweise zurück, beobachtete die Kinder und machte sich Notizen. Diese bildeten u.a. die Grundlage für die verbale Beurteilung. Die Lehrerin hatte ein feines Gespür dafür, wann die Kinder Entspannungsphasen benötigten. Sie war den Kindern zugewandt, unterhielt sich mit ihnen auch über deren private Belange, gab ihnen zum Teil körperliche Zuwendung, bestand aber auch auf konsequentes Einhalten von Klassenregeln, ohne die Kinder zu tadeln. Das soziale Miteinander in dieser Klasse war sehr rücksichtsvoll, die Kinder halfen sich gegenseitig und arbeiteten selbstständig.

Abschließende Bemerkungen

Die Anwendung der Kriterien auf den „offenen" bzw. „schülerorientierten" Unterricht aus der Fachliteratur im Vergleich mit dem beobachteten Unterricht machte deutlich, dass in dieser Untersuchung nicht die Rede davon sein kann, dass Unterricht in der Grundschule überwiegend „offen" oder „schülerorientiert" ist. Kernpunkte „schülerorientierten" Unterrichts wie Freiarbeit, entdeckendes Lernen und Projektarbeit wurde während unserer Anwesenheit überhaupt nicht praktiziert. Dennoch waren im Unterricht Merkmale wie Tages- und Wochenplanarbeit, Kooperation zwischen den Kindern, verschiedene Lernaktivitäten und „schülerorientiert" gestaltete Klassenräume anzutreffen, sodass „schülerorientierte" als Gegenpol zu „lehrerzentrierten" Unterrichtsmerkmalen unterschieden werden konnten.

Die Studie verdeutlicht, dass allein eine veränderte Beurteilungsform wenig Veränderungen bewirken kann, wenn sich nicht auch der Unterricht und das pädagogische Verständnis der Lehrenden grundlegend ändert. Die Ziele der Grundschulreform konnten bisher auf administrativem Wege noch wenig durchgesetzt werden, was eine solche Verordnung fragwürdig erscheinen lässt. Die meisten Anhängerinnen der verbalen Beurteilung waren zwar offen gegenüber Reformen, hatten diese jedoch nur ansatzweise in die Praxis umgesetzt. Der Unterricht wurde nach wie vor überwiegend lehrerzentriert gestaltet.

Allerdings zeigen die Untersuchungsergebnisse auch die Chancen einer „verordneten" Reform: Bei den Lehrerinnen, die sich für die verbale Beurteilung aussprachen, wurden häufiger „schülerorientierte" Unterrichtsmerkmale beobachtet. Das weist doch darauf hin, dass eine intensive Auseinandersetzung mit der verbalen Beurteilung zu Veränderungen der Unterrichtsorganisation und -gestaltung in Richtung einer Schülerorientierung führen kann. Wie am Beispiel einer reformorientierten Lehrerin gezeigt wurde, gehören dazu unter anderem persönliches Engagement, Experimentierfreudigkeit und die Offenheit gegenüber neuen Konzepten.

11. Wie wirken sich Notengebung und verbale Beurteilung auf die leistungsbezogene Persönlichkeitsentwicklung aus?

von Renate Valtin und Christine Wagner

Zahlreiche Untersuchungen von Kindern im mittleren Schulalter belegen, dass die Schule einen wichtigen Beitrag zur Persönlichkeitsentwicklung, sei es gewollt oder über den heimlichen Lehrplan, leistet. Die Erfahrungen von Erfolg und Misserfolg, die aufgrund des normativen Standards der Schule schon programmiert sind, und die kognitive Verarbeitung dieser Erfahrungen machen einen entscheidenden Anteil der schulischen Sozialisation aus. Für den Bereich der Grundschule gibt es nur wenige Untersuchungen zu den schulleistungsbezogenen Persönlichkeitsmerkmalen. Sowohl national als auch international ist hier ein Fehlen von Längsschnittuntersuchungen zu beklagen. Dies hängt sicherlich auch mit der Aufwendigkeit der Erhebungen bei Kindern dieser Altersstufe zusammen, die zunächst nicht lesen und schreiben und somit Zeit sparende Papier- und Bleistift-Tests ausfüllen können, so dass Einzelbefragungen notwendig sind. In Deutschland gibt es bislang nur zwei größere Längsschnittstudien: LOGIC und SCHOLASTIK, wobei Kinder vom 4. bis 12. Lebensjahr bzw. von der 1. bis 4. Klasse untersucht wurden (Weinert/Helmke 1997).

Pekrun und Helmke (1991) gelangen zu folgender Einschätzung der Forschungslage im Bereich leistungsbezogener Persönlichkeit: Es sei anzunehmen, dass anfänglich hoher Leistungsoptimismus und hohe Lernbereitschaft im Laufe der Grundschulzeit absinke bei gleichzeitiger Zunahme von Prüfungsangst. Als eine wesentliche Verursachung werden die sozialvergleichenden Leistungsrückmeldungen gesehen, die in den bisherigen Untersuchungen in Form von Noten erfolgten. Noten sind aber nur eine Form der schulischen Leistungsrückmeldung, verbale Beurteilungen sind eine andere. Die Gegner der Notengebung und Befürworter der verbalen Beurteilung heben gerade als Vorteil der verbalen Beurteilung hervor, dass sie sich nicht an sozialen, sondern an individuellen Bezugsnormen orientiere, und erwarten insgesamt positive Effekte auf die Persönlichkeitsentwicklung, wie z.B. Abnahme der Leistungsangst, Motivationssteigerung und positive Selbstkonzeptentwicklung. Die Frage, ob sich die verbale Beurteilung günstiger auf die Persönlichkeitsentwicklung des Kindes auswirke als die Notengebung, ist bislang längsschnittlich nicht erforscht worden. In unserer Studie untersuchten wir, ob die von Gegnern und Befürwortern der Zeugnisreform geäußerten Hoffnungen bzw. Bedenken bestätigt oder widerlegt werden konnten. Im Einzelnen gingen wir folgenden Hypothesen nach:

- Im Verlauf der Grundschulzeit nimmt bei allen Kindern die allgemeine und die fächerspezifische Lernfreude ab. Bei Kindern mit längerer verbaler Beurteilung bleibt sie jedoch länger erhalten.
- Im Verlauf der Grundschulzeit ist ein Absinken der absoluten und relativen Fähigkeits-Selbstkonzepte zu beobachten, bei Kindern mit Notengebung ist es jedoch deutlicher.
- Mit der Länge der Grundschulzeit steigt die Leistungsängstlichkeit, jedoch stärker bei Kindern mit Notengebung.
- Kinder, die Noten erhalten, weisen eine externale Leistungsmotivation aus. Kinder mit schlechten Noten sind misserfolgsorientierter.
- Im Verlauf der Grundschulzeit entwickeln die Kinder differenzierte Vorstellungen zur Erklärung von schulischem Erfolg und Misserfolg. Kinder mit längerer verbaler Beurteilung bilden günstigere Muster zur Erklärung von schulischem Erfolg und Misserfolg aus.
- Kinder, die benotet werden, erleben die schulischen Anforderungen als schwieriger.
- Kinder mit Verbalbeurteilung weisen schlechtere Schulleistungen auf. Sie lernen weniger, da der Zensurendruck wegfällt.

Insgesamt ist zu vermuten, dass die erwarteten negativen Effekte der Notengebung vor allem bei Kindern mit unterdurchschnittlichen Zensuren auftreten.

Über die Anlage der Untersuchung und die Stichprobe informiert das 13. Kapitel. Wir berichten hier über verschiedene querschnittliche Vergleiche und einen längsschnittlichen Vergleich von Kindern aus Klassen mit und ohne Ziffernzensur im 2., 3. und 4. Schuljahr. Halbjährlich/jährlich wurden in Einzel- und Gruppenbefragungen Maße zur schulbezogenen Persönlichkeitsentwicklung erhoben (zumeist mit ähnlichem Instrumentarium wie bei LOGIC bzw. SCHOLASTIK). Jährlich wurden Schulleistungstests durchgeführt. Einige Instrumente wurden zunächst in Einzelinterviews, später bei Gruppenbefragungen eingesetzt (Eine kurze Beschreibung der Instrumente findet sich - der Überschaubarkeit wegen - bei der Darstellung der Ergebnisse unten).

Die Ausgangs-Stichprobe zu Beginn des 2. Schuljahrs umfasste Schülerinnen und Schüler aus 41 Klassen. Je nach Messzeitpunkt wurden zwischen 400 und 600 Kinder untersucht.

Bei der Auswertung haben wir vielfältige statistische Analysemethoden angewendet. Da sich in Bezug auf einige der erhobenen Persönlichkeitsmerkmale signifikante Geschlechts- und Ost/West-Unterschiede ergaben, haben wir beim Längsschnitt nicht mit der Gesamtstichprobe gerechnet, sondern mit einer balancierten Stichprobe (N = 241), die aus 118 Notenkindern und 123 Kindern mit verbaler Beurteilung bestand und in gleichem Anteil Mädchen und Jungen sowie Kinder aus Ost- und Westberlin enthielt. Notenkinder sind solche, die von der 2. Klasse an Zensuren erhielten (in Berlin ist im 1. Schuljahr die Verbalbeurteilung obligatorisch). Als Kinder mit Verbalbeurteilung bezeichnen wir die Teilstichprobe, die noch im 2. Schuljahr diese Beurteilungsform erhielt; im 3. Schuljahr bekam die Mehrzahl dieser Schüler (71,8%) ebenfalls Schulnoten und 28,2% weiterhin verbale Beurteilungen.

Zur Beantwortung der Frage, ob sich die Bewertungsform bei Schülern mit guten vs. schlechten Schulnoten unterschiedlich auswirkt, wurden die Kinder in Klasse 3 aufgrund ihrer Durchschnittsnote (alle Fächer mit Ausnahme von Sport) zwei Leistungsgruppen zugeordnet: LG1 mit guten Noten (44 Kinder) und LG2 mit weniger guten Noten (48 Kinder). Die relativ geringe Schülerzahl ist darin begründet, dass nicht von allen Schülern die Schulnoten vorlagen. In beiden Leistungsgruppen waren etwa gleich viele Kinder vertreten, die im 2. Schuljahr Noten bzw. eine verbale Beurteilung erhielten.

Ergebnisse

Ein Vergleich der Auswirkungen unterschiedlicher Formen der Leistungsbeurteilung ist dann umso aussagekräftiger, wenn die beiden Untersuchungsgruppen zu Beginn möglichst ähnlich sind. Erfreulicher Weise war das in unserer Studie der Fall, da sich in allen Verfahren zur Messung der Persönlichkeitsmerkmale keine Unterschiede ergaben. Unsere Untersuchungen setzten zu Beginn der 2. Klasse ein, nachdem alle Kinder ein Jahr lang die in Berlin für das erste Schuljahr obligatorische verbale Beurteilung erhalten hatten und die Notenkinder nun bei Klassenarbeiten zensiert wurden. Zu diesem Zeitpunkt baten wir auch die Lehrkräfte, die Schüler hinsichtlich des Leistungsniveaus in drei Gruppen einzuschätzen. Unsere Noten- und Verbalkinder unterschieden sich hier nicht. In der ausbalancierten Stichprobe ergaben sich auch keine Unterschiede in Bezug auf den Anteil von Eltern mit höheren Bildungsabschlüssen. Allerdings zeigte sich, dass die Kinder in den Klassen mit verbaler Beurteilung einen höheren Intelligenzquotienten aufwiesen als die Kinder in Klassen, die schon früher zur Notengebung übergingen. Da die Intelligenz mit vielen der von uns erfassten Merkmalen korreliert, wurde ihr Einfluss auf statistischem Wege (durch Kovarianzanalysen) „ausgeschaltet".

Lernfreude

Eine wichtige Voraussetzung der Lernentwicklung ist die Lernfreude. In den ersten Schuljahren ist die Einstellung zur Schule und zum Lernen global positiv und wird dann mit zunehmender Länge der Schulerfahrungen etwas negativer. So zeigte Helmke (1997) anhand der Daten der LOGIC-Studie, dass die allgemeine Schulfreude und die Lernfreude bezogen auf die Lernbereiche Deutsch und Mathematik von der 2. bis zur 4. Klasse abnahmen. Wir prüften die Frage, ob die Lernfreude und die günstigen Einstellungen zur Schule und zu den Schulfächern bei Kindern mit längerer verbaler Beurteilung länger erhalten bleibt.

Die Lernfreude erfragten wir vom 2. Messzeitpunkt an bei den in die Gruppenuntersuchung einbezogenen Kindern anhand von Arbeitsblättern zum einen in allgemeiner Form: „Wie gerne gehst du zur Schule?" (1 Item), zum anderen auf die verschiedenen Lernbereiche bezogen (pro Fach 1 Item). Als Antwort markierten die Kinder schematisierte Gesichter mit verschiedenen Gefühlsausprägungen auf einer fünfstufigen Skala von „sehr gern" bis „gar nicht gern".

Zu allen Zeitpunkten gaben die meisten Kinder an, dass sie gern bzw. sehr gern in die Schule gehen. Die Häufigkeit positiver Bewertungen lag jeweils bei etwa 80%. Mehr Mädchen als Jungen gaben an, dass sie gern zur Schule gehen. Insgesamt war nur eine leichte Abnahme der allgemeinen Lernfreude von Beginn der 2. bis zum 4. Schuljahr zu verzeichnen. Auf den ersten Blick sah es so aus, als ob die allgemeine Lernfreude bei Kindern mit längerer Verbalbeurteilung länger erhalten bleibt. Berücksichtigt man jedoch die Intelligenzunterschiede, so ist dieser Unterschied verschwunden (s. Abb. 1).

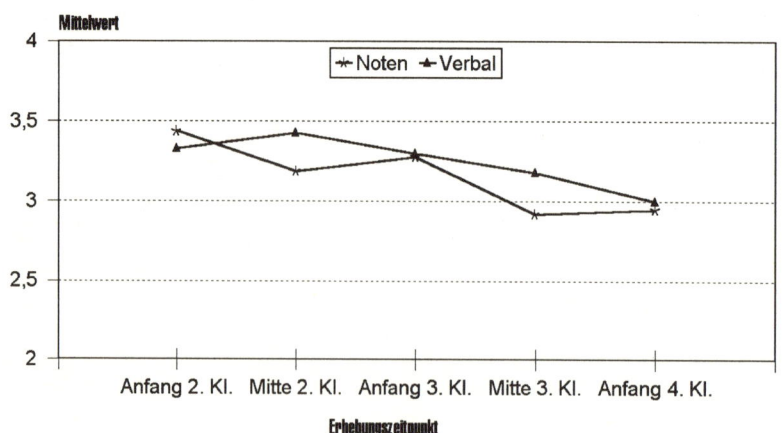

Abb. 1: Die Veränderung der allgemeinen Lernfreude („Wie gern gehst du zur Schule?" 0 = gar nicht gern, 4 = sehr gern) bei Notenkindern und Kindern mit verbaler Beurteilung von der 2. zur 4. Klasse

Abb. 2: Veränderung in der fächerspezifischen Lernfreude („Wie gern hast du ...?", 0 = gar nicht gern, 4 = sehr gern) von der 2. zur 4. Klasse

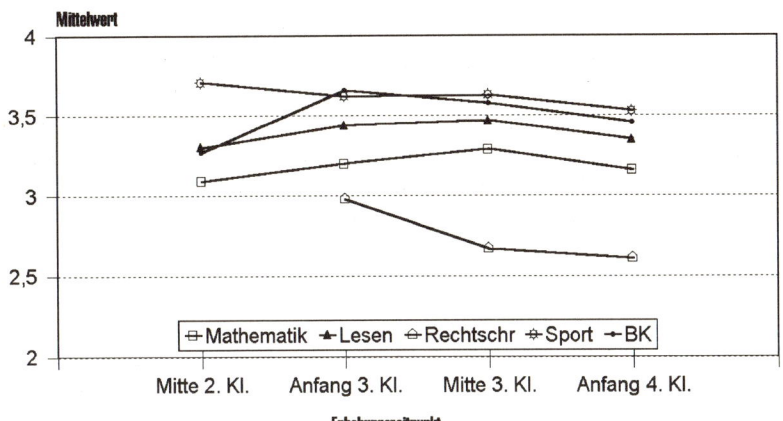

Untersucht man, ob die Schulnoten einen Einfluss auf die Veränderung der Lernfreude haben, so zeigt sich sowohl bei den Kindern mit guten Zensuren als auch bei denen mit schlechten Noten eine Verringerung der Lernfreude von der 2. zur 4. Klasse. Die Freude der Kinder an den einzelnen Schulfächern war, wie Abb. 2 zeigt, recht hoch. Sie nahm zu Beginn der Grundschulzeit in einigen Fächern sogar zu. Allerdings ist die Beliebtheit der Lernbereiche unterschiedlich: Sport, Bildende Kunst und Lesen waren fast durchgängig die beliebtesten Fächer, Mathematik hatte einen beachtlichen Mittelplatz (der Durchschnittswert der Antworten lag in der Kategorie „gern"), die Rechtschreibung lag weit abgeschlagen am unteren Ende. Es gab jedoch nur wenige Kinder, die angaben, die einzelnen Schulfächer überhaupt nicht zu mögen. In unserer Gesamtstichprobe waren es pro Klassenstufe und pro Fach meist nur 5% der Befragten, die antworteten, sie hätten einzelne Fächer gar nicht gern. Dieses Ergebnis haben wir übrigens auch in der fünften und sechsten Klasse der Berliner Grundschule gefunden (Valtin/Darge 2001).

Während Mädchen zu allen Zeitpunkten eine höhere Lernfreude in Bildender Kunst und Rechtschreibung aufwiesen, bekundeten die Jungen von der 3. Klasse an mehr Freude am Rechnen und an Sport. Diese geschlechtsspezifischen Unterschiede ziehen sich übrigens durch die gesamte sechsjährige Grundschulzeit.

Unterschiede zwischen Kindern mit längerer und kürzerer verbaler Beurteilung gab es nur vereinzelt. So war im Fach Rechtschreibung die Wirkung der Bewertungsform auf die Lernfreude bei den Geschlechtern unterschiedlich. Während bei den Jungen unter der Notenbewertung eine höhere Lernfreude zu verzeichnen war, wurde bei den Mädchen der umgekehrte Effekt festgestellt. Im Fach Mathematik war in Westberlin die Lernfreude der Notenkinder höher als die der Schüler mit verbaler Bewertung, in Ostberlin hatten die Kinder mit verbaler Bewertung die höhere Lernfreude.

Als Fazit ist festzustellen, dass sich die allgemeine Schulfreude von der 2. bis zur 4. Klasse sowohl bei verbaler Bewertung als auch bei Notenbewertung ab Klasse 2 bei den Schülern in Ost- und Westberlin, bei den Jungen und Mädchen sowie Kindern mit guten und schlechteren Noten verringerte. Hinsichtlich der fächerspezifischen Lernfreude konnte durch unsere Daten nur für zwei Fächer (Mathematik und Rechtschreibung) ein Effekt der Bewertungsform nachgewiesen werden, der zudem nur in Wechselwirkung mit dem Geschlecht und der Herkunft signifikant war.

Fähigkeitsselbstbilder

Das Selbstkonzept ist eine zentrale Komponente der Schülerpersönlichkeit (Pekrun/Helmke 1991). Der Mensch entwickelt nicht nur von seiner Umwelt, sondern auch von sich selbst ein „Bild". Dieses „Selbst-Bild" wird als eine interne, d.h. kognitive Repräsentation des Wissens über sich selbst und die darin eingeschlossenen Überzeugungen aufgefasst. Es stellt keine einheitliche Größe dar, sondern ein differenziertes, vielschichtiges und teilweise hierarchisch geordnetes System mit unterschiedlichen Bereichen. Das Fähigkeitsselbstkonzept als ein Aspekt des Selbstbildes repräsentiert die Selbstwahrnehmung eigener Fähigkeiten in unterschiedlichen Bereichen. Zu Beginn der Grundschule ist die Selbsteinschätzung bezüglich der eigenen Leistungen und Fähigkeiten sehr hoch, verringert sich dann und wird zunehmend realistisch. Die Notengebung wird dafür verantwortlich gemacht, dass optimistisch verzerrte Selbsteinschätzungen auf Dauer nicht gegen die „Wirklichkeit" der realen Noten aufrecht erhalten werden können. Helmke (1998) zeigte anhand der Daten der LOGIC-Studie, dass sich die Fähigkeitsselbstbilder der Kinder von der 1. zur 6. Klasse verringerten und dieser Prozess bereits vor der Notengebung als Konsequenz sozialer Vergleichsprozesse in der Klasse einsetzte. Die Fähigkeitsselbstbilder veränderten sich nicht einheitlich für alle Schüler, sondern es zeichneten sich unterschiedliche Entwicklungsverläufe ab. In den Lernbereichen Deutsch und Mathematik unterschieden sich Jungen und Mädchen sowie zukünftige Gymnasiasten und Hauptschüler hinsichtlich ihrer Selbstbilder. Im Fach Deutsch hatten die Mädchen ein höheres Selbstkonzept als die Jungen, während sich in Mathematik das Verhältnis umkehrte.

Zur Erfassung der schulischen Fähigkeitsselbstbilder verwendeten wir zwei Verfahren. Zum einen baten wir die Jungen und Mädchen im Interview um die *absolute* Einschätzung ihrer Kompetenz (absolutes schulisches Fähigkeitsselbstbild), indem wir sie - für jeden Lernbereich separat - fragten, ob sie ihre Leistungen als sehr gut, mittelgut oder als nicht so gut einschätzen. Zum anderen ging es uns um die Nutzung von Vergleichsinformationen im

Sinne eines *relativen* schulischen Fähigkeitsselbstbildes. Hier legten wir die Frage vor: „Wie gut bist du in Mathematik, Lesen ... im Vergleich zu den anderen Kindern in deiner Klasse?" Die Antwortvorgaben lauteten: „In bin ... der/die Beste, eine/r der Besseren, so in der Mitte, eine/r der Schlechteren, der/die Schlechteste".

Betrachten wir zunächst das absolute Fähigkeitsselbst in den einzelnen Fächern. Hier waren die Veränderungen von der 2. zur 4. Klasse gering. Bei Betrachtung der Gesamtgruppe ergaben sich für die Fächer Sport, Bildende Kunst, Lesen und Rechnen zu allen Zeitpunkten fast gleich bleibende Mittelwerte zwischen „mittelgut" und „sehr gut". Nur im Rechtschreiben schätzten sich die Kinder im Mittel etwas schlechter ein; der Wert unterschritt in der 3. Klasse die Marke „mittelgut" und bewegte sich in Richtung „nicht so gut". Jungen schätzten sich im Vergleich zu den Mädchen von der 3. Klasse an besser in Rechnen und zu allen Messzeitpunkten besser in Sport ein. Mädchen dagegen schätzten bis zur 3. Klasse ihr Können in Bildender Kunst und Rechtschreiben als besser ein. Die Bewertungsform hatte in keinem Schulfach Einfluss auf die Ausprägung der absoluten Fähigkeitsselbstbilder. Die Vermutung, dass Kinder aus Notenklassen sich in ihrer Einschätzung verschlechtern bzw. sich realistischer bewerten, da sie über die Zensur einen öffentlichen sozial vergleichenden Maßstab erfahren, wurde nicht bestätigt. Die absoluten Fähigkeitsselbstkonzepte der Notenkinder und der verbal beurteilten Kinder blieben innerhalb der Leistungsgruppen (LG1 und LG2) im Verlauf von der 2. zur 4. Klasse annähernd auf gleichem Niveau. Während die Werte in den absoluten Selbstkonzepten vom 2. bis 4. Grundschuljahr recht konstant waren, gab es bei den relativen Selbstkonzepten in allen Fächern bedeutende Veränderungen über die Zeit (s. Abb. 3).

Abb. 3: Veränderungen im relativen Fähigkeitsselbstbild der Fächer von der 2. zur 4. Klasse

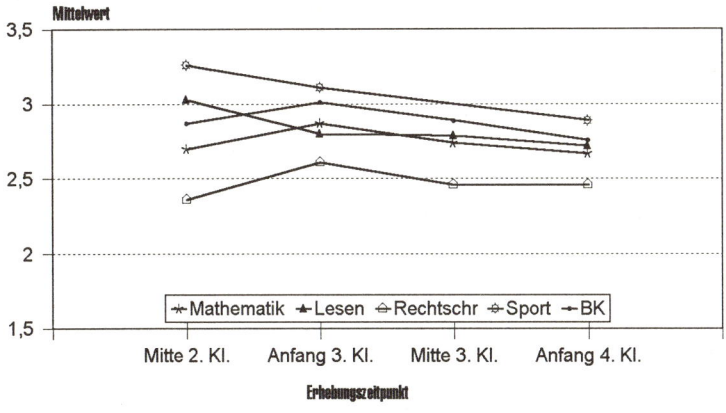

Zudem zeigten sich wiederum Unterschiede zwischen den Geschlechtern. So hatten in Mathematik die Jungen ein höheres Selbstkonzept als die Mädchen. Beim Vergleich von Kindern aus Klassen mit Notengebung und verbaler Beurteilung zeigte sich, dass die Notenkinder in Mathematik bis zur 4. Klasse ein höheres Selbstkonzept hatten als die verbal beurteilen Kinder (s. Abb. 4). Die Kinder mit den besseren Mathematiknoten hatten auch die besseren relativen Fähigkeitsselbstbilder.

Abb. 4: Veränderungen im relativen Fähigkeitsselbstbild für den Lernbereich Mathematik von der 2. zur 4. Klasse bei Notenkindern und Kindern mit verbaler Beurteilung

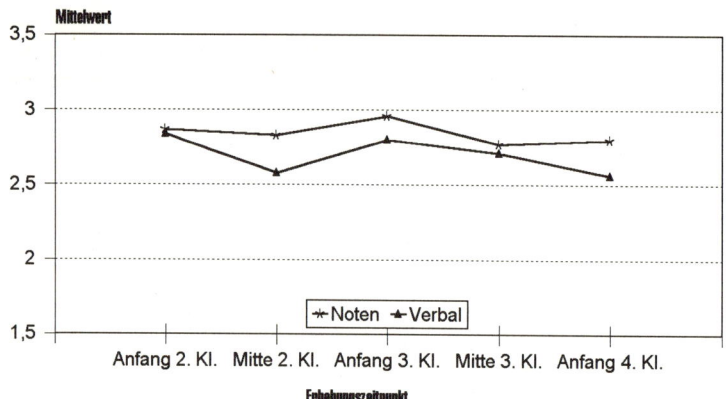

Auch im Fach Rechtschreibung hatten die Notenkinder zunächst ein höheres relatives Selbstkonzept als die Kinder mit Verbalbeurteilung. In der Mitte der 3. Klasse glichen sich jedoch die relativen Selbstkonzepte der Notenkinder und der verbal beurteilten Kinder an. Die Kinder mit guten und schlechteren Noten in Rechtschreibung unterschieden sich jedoch nicht in der Ausprägung und Veränderung der relativen Fähigkeitsselbstbilder für dieses Fach. Auch in den Lernbereichen Sport und Bildende Kunst hatten die Notenkinder das höhere Selbstkonzept. Dagegen war im Lernbereich Lesen kein Einfluss der Bewertungsform auf das relative Fähigkeitsselbst nachweisbar.

Als Fazit ergibt sich: Die Bewertungsform wirkte sich nicht auf das absolute, sondern nur auf das relative Fähigkeitsselbstkonzept bezüglich der verschiedenen Lernbereiche aus. Insgesamt finden sich jedoch nur Ergebnisse, die *gegen* unsere Hypothese sprechen: Bei den wenigen signifikanten Unterschieden waren es die Notenkinder, die zu unterschiedlichen Zeitpunkten in jeweils unterschiedlichen Fächern höhere Fähigkeitsselbstkonzepte aufwiesen.

Angst und Leistungsangst

Angst und Leistungsangst sind weitere Determinanten der Schulleistung. Angst als unangenehmes Gefühl, das in Situationen auftritt, die als bedrohlich eingeschätzt werden und mit einem Anstieg des physiologischen Aktivierungsniveaus einhergeht, beeinflusst in der Regel das Verhalten. Es gibt viele Differenzierungsvorschläge hinsichtlich der Emotion Angst. Schwarzer (1987) unterscheidet zwischen 1. Existenzangst, 2. Sozialer Angst und 3. Leistungsangst als einer Unterkategorie der Sozialen Angst.

Leistungsangst (auch Synonym für Prüfungsangst bzw. Schulangst) wird nach Helmke (1997) definiert als überdauernde Bereitschaft, Leistungs- und Bewertungssituationen in der Schule als persönliche Bedrohung zu bewerten. Gewöhnlich unterscheidet man mehrere Komponenten von Leistungsangst, z.B. Besorgtheit („Worry"), Aufgeregtheit („Emotionen") und irrelevante Gedanken. Bei übermäßiger Besorgtheit denkt man nur an einen möglichen Misserfolg oder stellt ungünstige soziale Vergleiche an. Aufgeregtheit bezieht sich auf die wahrgenommenen Erregungszustände. Irrelevante Gedanken tragen zur Lösung einer gestellten Aufgabe nicht bei, weil sie die Aufmerksamkeit des Individuums teilweise absorbieren (Sarason u.a. 1971). In der Forschung zur Prüfungsangst werden die negativen Auswirkungen von Angst primär auf die mit ihr verbundenen irrelevanten Gedanken zurückgeführt. Die empirische Befundlage zu den Zusammenhängen zwischen Leistungsangst und Schulleistung ist nicht einheitlich. Negative Prüfungsangst-Leistungs-Korrelationen wurden in mehreren Studien nachgewiesen (u.a. Pekrun 1991). Schnabel (1998) fand jedoch in einer Längsschnittsanalyse, dass die fachspezifischen Besorgtheit für die schulische Leistungsentwicklung nur von randständiger Bedeutung war.

Für die Entwicklung von Schulangst bzw. Leistungsangst spielen auch Faktoren wie das Schulklima und das Lehrerverhalten eine Rolle (Fend 1977, Helmke 1983). Günstige Lernbedingungen wie sozial-integratives Erziehungsverhalten, offener Unterricht und allgemein unterstützende Lernumwelten führen offenbar zu einer Verminderung von Leistungsangst (u.a. Fend 1977). Hingegen gelten Leistungsdruck und Unterdrückung von Selbstständigkeit als Risikofaktoren für die Entwicklung von Leistungsangst (Trudewind/Geppert/Börner 1979). Zunehmende Erfahrungen von eigenen oder fremden Misserfolgen in Leistungssituationen können zu einer Erhöhung von Leistungsangst führen. In vielen Studien zur geschlechtsspezifischen Sozialisation zeigten sich höhere Werte in Angst und Leistungsangst bei den Mädchen.

Als Instrument zur Erfassung der Angstneigung von Kindern setzten wir einen Test von Sarason ein. Dieser Test mit 43 Fragen (0=nein, 1=ja) misst die Disposition zur *Angst*, die relativ unabhängig von äußeren Einflüssen ist. Er besteht aus vier Dimensionen:

- Allgemeine Angst (z.B. „Hast du manchmal Angst, dass etwas Schlimmes passieren könnte?")
- Angst vor Tieren (z.B. „Hast du Angst vor Ratten?")
- Angst allein zu sein (z.B. „Fühlst du dich manchmal schlecht, wenn du abends allein zu Haus bist?")
- Angst um die Eltern (z.B. „Hast du manchmal Angst, dass dein Vater krank werden könnte?").

Wir setzten diesen Test zweimal ein, und zwar zu Anfang 2. Klasse und zu Mitte der 3. Klasse. Erwartungsgemäß zeigte sich eine relativ hohe Stabilität der Werte und ein gleich bleibendes Angstniveau, wobei sich keine Unterschiede zwischen Ost und West und zwischen den Kindern aus Klassen mit Noten- und Verbalbeurteilung zeigten, wohl aber signifikant höhere Ängstlichkeitswerte bei den Mädchen, ein auch aus der Literatur gesicherter Befund.

Die *Leistungsangst*, die in verstärktem Maße situationsvariabel und sensitiv für äußere Veränderungen ist, wurde zum Anfang der 3. und der 4. Klasse mit einer verkürzten Form der Test-Anxiety-Scale for Children, ebenfalls von Sarason (15 Items, 0=nein, 1=ja) erhoben. Die Items waren drei Dimensionen zuzuordnen.

1) Besorgtheit beschreibt die eher längerfristigen Sorgen und Ängste der Kinder vor Schulversagen, Sitzenbleiben etc. (z.B. „Wenn die Lehrerin sagt, dass ihr eine Klassenarbeit schreibt, hast du dann Angst davor?")

2) Aufgeregtheit beschreibt die konkrete physiologische Erregung, die das Kind in der Leistungssituation empfindet (z.B. „Wenn die Lehrerin sagt, sie werde prüfen, wie viel du gelernt hast, fängt dann dein Herz schneller an zu schlagen?")

3) Irreale oder „Irrelevante Gedanken" bezeichnen Gedanken an Versagen und negative Leistungsergebnisse *in* der konkreten Prüfungssituation (also Gedanken, die nicht relevant für die Lösung der jeweiligen Aufgabe sind, z.B. „Wenn die Lehrerin dich bittet, vor die Klasse zu kommen und laut zu lesen, hast du da Angst, dass du schlimme Fehler machen könntest?").

Zur Veränderung der Leistungsangst bei den Kindern unserer Studie lässt sich allgemein Folgendes feststellen: Entgegen unserer Erwartung einer Zunahme der Leistungsangst vom 3. zum 4. Schuljahr zeigte sich eine deutliche Verringerung in der Anzahl der bejahten Fragen. Daraus kann gefolgert werden, dass die Kinder einen „Gewöhnungsprozess" an schulische Leistungsanforderungen und Ausleseerfahrungen durchgemacht haben. Als Beispiele nennen wir drei Items und geben in Klammern jeweils die Zustimmungsraten aus der Gesamtstichprobe an:

- „Machst du dir Sorgen, ob du in die vierte (bzw. fünfte) Klasse versetzt wirst?" (3. Klasse: 35%; 4. Klasse: 29%)
- „Wenn du abends im Bett liegst, machst du dir dann manchmal Sorgen, wie du am nächsten Tag im Unterricht abschneiden wirst?" (3. Klasse: 25%; 4. Klasse: 19%)
- „Regst du dich auf, während du von der Lehrerin (dem Lehrer) gefragt wirst?" (3. Klasse: 23%; 4. Klasse: 12%)

Zu Beginn der 3. Klasse zeigten die Mädchen mehr Leistungsangst als die Jungen. Bei den Mädchen war beispielsweise die Angst vor einer Mathearbeit größer als bei Jungen.

Auch Notenkinder und verbal beurteilte Kinder unterschieden sich: In den Skalen Besorgtheit und Irreale Ängste waren die Werte der Notenkinder höher als die der verbalen Bewertung. Dagegen waren die Aufgeregtheit bzw. die emotionalen Belastungen bei den Notenkindern geringer als bei den Kindern mit längerer Verbalbeurteilung (Abb. 5).

Abb. 5: Der Einfluss der Bewertungsform auf die Leistungsangst zu Beginn der 3. Klasse

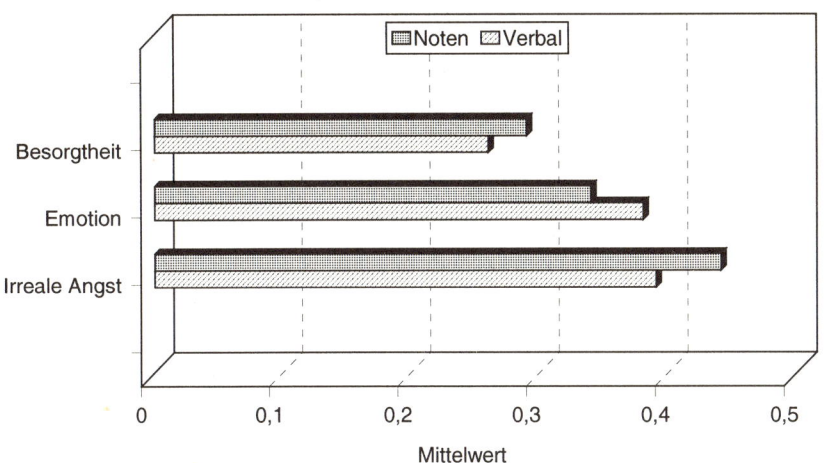

Zu Beginn des 3. Schuljahres zeigten sich (in der Gesamtstichprobe) auch bei einzelnen Fragen mehrere bedeutsame Unterschiede, so bei der Frage „Machst du dir Sorgen, ob du in die vierte Klasse versetzt wirst?": Diese Frage bejahten Kinder aus Klassen mit verbaler Beurteilung seltener als Kinder, die bereits Noten erhielten. Eine Tendenz in die gleiche Richtung zeigte sich bei der Frage „Wenn du abends im Bett liegst, machst du dir dann manchmal Sorgen, wie du am nächsten Tag im Unterricht abschneiden wirst?" Auch dieses Item wurde von Kindern aus Notenklassen häufiger bejaht.

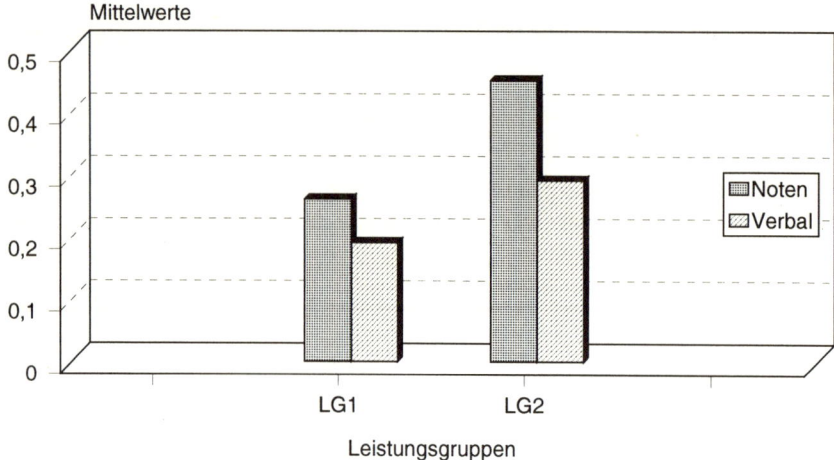

Abb. 6: Unterschiede in der Leistungsangstskala „Besorgtheit" zu Beginn des 3. Schuljahres bei Kindern mit Notengebung und Verbalbeurteilung mit guten (LG1) und schlechteren Schulnoten (LG2)

Die Besorgtheit war auch bei den SchülerInnen mit den besseren Zensuren geringer als bei den Kindern mit den schlechteren Zensuren (Abb. 6). In beiden Leistungsgruppen äußerten jedoch die Notenkinder eine größere Besorgtheit als die Kinder mit Verbalbeurteilung. Analysiert man die Leistungsangst der Kinder mit schlechten Noten in Rechtschreibung und Mathematik (Note 3 und schlechter), so sind bei dieser Schülergruppe die Besorgtheit und die irrealen Ängste der Notenkinder ebenfalls höher als die der Kinder mit längerer Verbalbeurteilung.

Auch in der balancierten Stichprobe waren bei einzelnen Items Unterschiede zwischen Notenkindern und Kindern mit längerer Verbalbeurteilung, zwischen Kindern mit guten und weniger guten Leistungen sowie zwischen Mädchen und Jungen zu finden. Bei einem Diktat dachten die Notenkinder häufiger an ein schlechtes Ergebnis als die Schüler mit verbaler Bewertung. Bei den Mädchen war die Angst vor einer Mathearbeit größer als bei den Jungen.

Zu Beginn des 4. Schuljahres waren keine signifikanten Unterschiede in den Leistungsangstmaßen zwischen Kindern mit Notengebung und mit Verbalbeurteilung feststellbar. Die Kinder mit guten und schlechten Zensuren unterschieden sich jedoch in den irrealen Ängsten. Diese waren bei den Kindern mit schlechten Noten größer als bei den Kindern mit guten. Ferner waren Geschlechtsunterschiede in der Skala „Besorgtheit" und „Irreale Ängste" zu finden. In beiden Fällen hatten die Mädchen die größere Leistungsangst. Mädchen äußerten auch häufiger als Jungen Angst vor und während einer Mathearbeit und bejahten häufiger die Frage „Wenn du abends im Bett liegst, machst du dir dann manchmal Sorgen, wie du am nächsten Tag in der Schule abschneiden wirst?"

Fazit: In einigen Skalen der Angst und Leistungsangst wurde entgegen unserer Erwartung eine Verringerung von der 2. zur 3. bzw. 4. Klasse festgestellt.

Ein Einfluss unterschiedlicher Bewertungsformen auf die Ausprägung der Angst und Leistungsangst konnte in der 3. Klasse nachgewiesen werden. Die Notenkinder zeigten eine größere Besorgtheit hinsichtlich ihrer Schulleistungen als die Kinder mit verbaler Bewertung. Vor allem die Kinder mit schlechten Noten waren besorgter und äußerten mehr irreale Ängste als die mit den besseren Zensuren. In Bezug auf die irrealen Ängste blieb dieser Unterschied auch in der 4. Klasse bestehen. Ansonsten ergab sich in der 4. Klasse, als alle Kinder inzwischen Noten erhielten, kein Unterschied mehr zwischen Kindern mit längerer oder kürzerer verbaler Beurteilung in der Leistungsangst.

Leistungsmotivation

Leistungsmotivation wird in Situationen wirksam, in denen individuelles Handeln gemessen an Gütestandards als Erfolg oder Misserfolg verstanden wird. In Anlehnung an Heckhausen (1972) unterscheidet man zwei motivationale Orientierungen: die erfolgszuversichtliche und die misserfolgsmeidende. Andere Ansätze (z.B. Schmalt 1976) unterscheiden eine intrinsische Motivation (Interesse am Lerngegenstand) und eine extrinsische Motivation (Orientierung an Handlungsfolgen). Die Entwicklung der Leistungsmotivation wird wesentlich durch Erziehungspraktiken beeinflusst. Förderung von Selbstständigkeit, Ermutigung und positive Bewertungen kindlicher Aktivitäten sowie eine positive affektive Zuwendung auf Seiten der Eltern befördern eine positive erfolgsorientierte Leistungsmotivation beim Kind. Dauerhafte Misserfolge, z.B. durch schlechte Noten, führen zur Misserfolgsorientierung (Fokken 1966). Gegner der Notengebung befürchten, dass Schülerinnen und Schüler nur der guten Zensuren wegen lernen, also external motiviert werden. Entsprechende Studien fehlen jedoch.

Zur Messung der Leistungsmotivation verwendeten wir zu Beginn der 2. Klasse und in der Mitte der 3. Klasse ein Verfahren nach Helmke, in Anlehnung an Trudewind, mit 22 Items (1=stimmt gar nicht, 4=stimmt genau). Erfasst werden zwei Dimensionen:

- Hoffnung auf Erfolg (z.B. „Machst du gern solche Sachen, bei denen du dich sehr anstrengen musst, um sie zu schaffen?")
- Furcht vor Misserfolg (z.B. „Hast du Angst vor Strafe, wenn du dich zu Hause dumm anstellst?").

Zu Beginn der 2. Klasse war die Hoffnung auf Erfolg größer als die Furcht vor Misserfolg, unterschied sich aber nicht zwischen Notenkindern und Kindern mit verbaler Beurteilung. Allerdings zeigten zu diesem Zeitpunkt, als einige Klassen schon zur Notengebung übergegangen waren, die Notenkinder eine Tendenz zu höheren Werten in der Skala „Furcht vor Misserfolg". Ein signifikanter Unterschied konnte jedoch nur bei einzelnen Items nachgewiesen werden, zum Beispiel bei der Frage: „Hast du Angst vor Strafe, wenn du dich zu Hause dumm anstellst?".

Zu Beginn der 3. Klasse war die „Hoffnung auf Erfolg" ebenfalls höher ausgeprägt als die „Furcht vor Misserfolg", wobei die Mädchen signifikant hoffnungsvoller waren als die Jungen. Die Bewertungsform hatte zu diesem Zeitpunkt keinen Einfluss auf die positive Leistungsmotivation. Auf die negative Komponente wirkte sich die Bewertungsform in Ost- und Westberlin unterschiedlich aus: In Ostberlin hatten die Notenkinder in höherem Maße Furcht vor Misserfolg als die Kinder mit Verbalbeurteilung. In Westberlin war das Verhältnis umgekehrt. Die Furcht vor Misserfolg war bei den Schülerinnen und Schülern mit den schlechteren Schulnoten signifikant höher als bei denen mit den guten Zensuren (Abb. 7). Ein Unterschied zwischen Notenkindern und verbal beurteilten Kindern in der Furcht vor Misserfolg war jedoch nur bei den guten Schülern festzustellen. Hier hatten die Notenkinder mehr Furcht vor Misserfolg als die verbal beurteilten Kinder.

Abb. 7: Die Furcht vor Misserfolg zu Beginn der 3. Klasse bei Notenkindern und Kindern mit Verbalbeurteilung mit guten Zensuren (LG1) und schlechteren Zensuren (LG2)

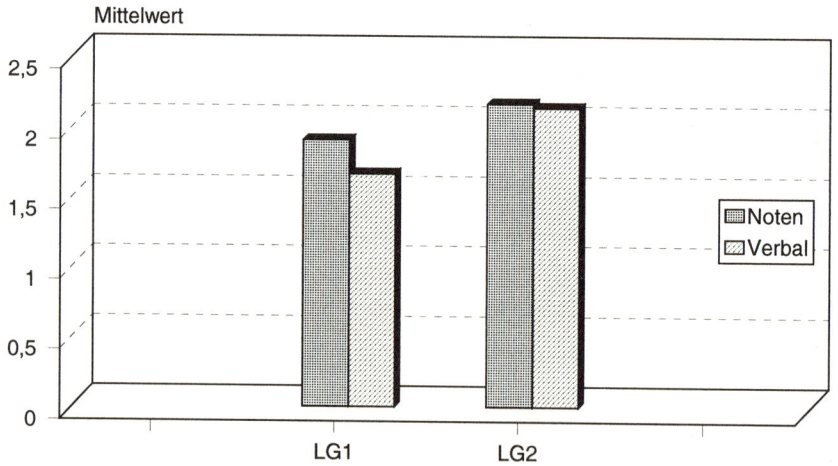

Von der Mitte der 3. Klasse an benutzten wir zur Messung der Leistungsmotivation eine von uns modifizierte Variante des LM-Gitters von Schmalt (18 Items, 0=nein, 1=ja) mit drei Dimensionen:

- Extrinsische Leistungsmotivation (z.B. „Das Kind strengt sich nur deshalb an, damit es vom Lehrer gelobt wird")

- Furcht vor Misserfolg (z.B. „Das Kind hat Angst, dass es etwas falsch macht")
- Intrinsische Leistungsmotivation (z.B. „Das Kind denkt, dass es Spaß macht, neue Sachen zu lernen.").

Ähnlich wie zu Beginn der 2. und 3. Klasse war die positive Leistungsmotivation - hier mit den beiden Komponenten intrinsisch und extrinsisch - höher als die Furcht vor Misserfolg (Abb. 8).

Abb. 8: Der Einfluss der Bewertungsform auf die Leistungsmotivation in der Mitte des 3. Schuljahres

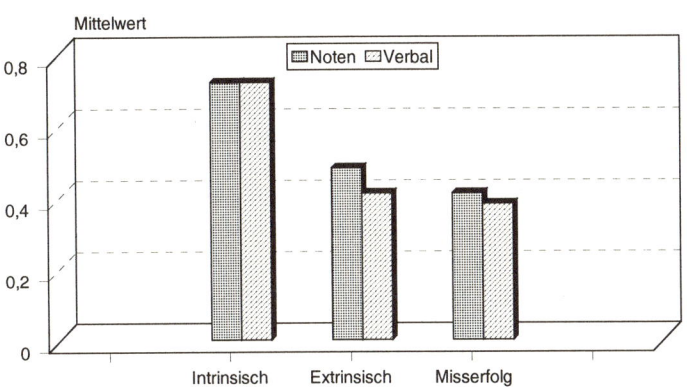

Auch zu Beginn der 3. Klasse waren in Ostberlin die Notenkinder in höherem Grade misserfolgsorientiert, in Westberlin die Kinder mit verbaler Bewertung. In Bezug auf die externale Leistungsmotivation zeigten die SchülerInnen mit den guten Schulnoten in Klasse 3 die höchsten Werte. Dabei waren die Notenkinder in höherem Maße extrinsisch motiviert als die Kinder, die in der 2. Klasse noch verbal beurteilt wurden.

Abb. 9: Der Einfluss der Bewertungsform auf die Ausprägung der extrinsischen Leistungsmotivation bei Schülern mit guten (LG1) und weniger guten Schulnoten (LG2)

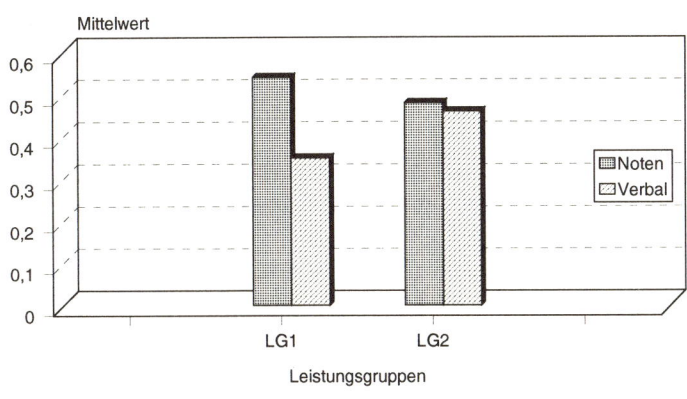

Bei den Schülerinnen und Schülern mit den schlechteren Zensuren (LG 2) unterschieden sich Notenkinder und verbal beurteilte Kinder nicht in der extrinsischen Leistungsmotivation (Abb. 9).

Fazit: Zu Beginn der 3. Klasse war ebenso wie auch in der 2. Klasse die positive Leistungsmotivation „Hoffnung auf Erfolg" höher als die negative „Furcht vor Misserfolg". Die Mädchen waren hoffnungsvoller als die Jungen. Die Notengebung führte nur bei den Ostberliner Schülerinnen und Schülern zu einer etwas größeren Furcht vor Misserfolg als die längere verbale Beurteilung. Eine höhere extrinsische Leistungsmotivation konnte bei den Schülern und Schülerinnen mit früher einsetzender Notenbewertung in der Mitte der 3. Klasse nachgewiesen werden. Dies zeigte sich vor allem bei den Kindern mit guten Noten in Klasse 3.

Erklärung von Erfolg und Misserfolg

Für das seelische Wohlbefinden, das Selbstbild und das Vertrauen in die eigene Leistungsfähigkeit wichtig sind die Erklärungsmuster, die man für Erfolg und Misserfolg von Handlungen parat hat - seien sie nun bewusst oder unbewusst. Menschen haben das Bedürfnis, ihre eigenen und die Handlungen anderer zu verstehen, vorherzusagen, zu beeinflussen und damit Orientierungssicherheit in der Welt und im Umgang mit anderen Personen zu erlangen. In der Psychologie beschäftigt sich die Attributionstheorie mit diesem Bereich, wobei vor allem viele Forschungen zu den Erklärungsvorstellungen in Leistungssituationen vorliegen. Geläufig ist das 4-Felder-Schema nach Weiner u.a. (1971):

Vier-Felder-Schema zur Erklärung von Leistungen

Ich war erfolgreich, weil ...		
internal	... ich begabt bin	... ich mich angestrengt habe
external	... die Aufgabe zu leicht ist	... ich Glück hatte
	stabil	variabel

Besonders selbstwertdienlich (also günstig für das eigene Image) ist es, wenn man seinen Erfolg auf Leistung, Kompetenz und andere internale Faktoren zurückführt, und Misserfolg auf externale Faktoren, für die man nicht verantwortlich ist, wie Aufgabenschwierigkeit, Pech oder widrige Umstände.

Diese Erklärungsmuster hängen mit anderen Persönlichkeitsmerkmalen zusammen, z.B. dem Selbstkonzept eigener Fähigkeiten oder der Motivation im Sinne der Erfolgs- oder Misserfolgserwartung. Wer zum Beispiel der Meinung ist, seine Leistungen in Mathematik seien nur auf Glück zurückzuführen, wird kein hohes Fähigkeitsselbstbild in diesem Bereich entwickeln. Attributionen auf Faktoren wie Fähigkeit können die erfolgsorientierte Motivation fördern, umgekehrt wird die hauptsächliche Erklärung von Erfolg durch Zufall zu einer Verminderung der Erfolgserwartung führen. Die Erklärungsvorstellungen für Erfolg und Misserfolg hängen auch eng mit den Kontrollüberzeugungen zusammen, also der subjektiven Überzeugung von Menschen, selbst wichtige Ereignisse in ihrem Leben beeinflussen zu können („Jeder ist seines Glückes Schmied") oder aber völlig abhängig zu sein von äußeren Umständen wie Glück, Pech oder dem Schicksal, was sich in fatalistischen oder resignativen Lebenseinstellungen äußern kann.

Erfolgs- und Misserfolgsattributionen von Erwachsenen sind recht gut erforscht. Die Zahl der Untersuchungen von Kindern in Vor- und Grundschulalter sind dagegen spärlicher. In der LOGIC-Studie zeigte sich, dass siebenjährige Kinder eigenen und fremden schulischen Erfolg vor allem auf Anstrengung und Fleiß (zu etwa 50%) sowie Begabung (35%) zurückführen. Recht geringe Bedeutung haben externale Faktoren (10%) und „affektive" Erklärungen wie Angst, Stimmung und Motivation (4%). Vergleicht man die Erklärungsmuster für eigenen Erfolg und Misserfolg, so zeigte sich ein selbstwertdienlicher Effekt, dass eigener Erfolg relativ häufiger auf Begabung, Misserfolg relativ häufiger auf mangelnde Anstrengung und relativ seltener auf mangelnde Fähigkeiten zurückgeführt wurde. In der LOGIC-Studie zeigte sich nach zweimaliger Wiederholung dieses Verfahrens, dass insgesamt der hohe Erklärungswert von Anstrengung erhalten blieb, dass aber affektive Faktoren bei der Erklärung eigenen Erfolgs oder Misserfolgs zunahmen (auf 16%).

In unserer Studie wurden die Erklärungsvorstellungen der jüngeren Kinder in einer offenen Befragung erfasst. Dies ist sicher die angemessene Methode zur Untersuchung junger Kinder, die noch nicht in Papier- und Bleistift-Form befragt werden können. Aber das Vorgehen ist zeitaufwendig, zumal die Antworten der Kinder transkribiert und dann kodiert werden müssen. In Anlehnung an Helmke wurden die Kinder im 2. und 3. Schuljahr einzeln nach ihren Erklärungen für eigenen Erfolg befragt:

– Wie gut bist du in Mathematik (Lesen)?
  - Wenn „sehr gut/gut": *Warum* bist du so gut?

– Kommt es auch vor, dass du nicht so gut bist? Warum ...?
  - Wenn „nicht so gut": *Warum* bist du nicht so gut?

– Kommt es auch vor, dass du gut bist? Warum ...?
  - Wenn „mittel": *Warum* bist du manchmal gut?
  -*Warum* bist du manchmal nicht so gut?

Die Antworten wurden aufgeschrieben und später von zwei Personen unabhängig in das von Helmke (1993) entwickelte Schema eingeordnet. Das folgende Schaubild zeigt die Hauptkategorien und beispielhaft einige Antworten unserer Kinder:

> *Internale Faktoren*
>
> *– Anstrengung*
> Allgemeine Anstrengung, sowohl bei den Hausarbeiten als auch während des Unterrichts (Aufmerksamkeit, zuhören), schulbezogene Tugenden
>
> „Weil es oft lernt zu Hause." - „Weil es immer redet, wenn man zuhören soll." - „Wenn wir abschreiben müssen, dann schreibe ich fast immer saumäßig."
>
> *– Fähigkeiten/Begabung*
> Allgemeine Begabung und Intelligenz; Lern- und Arbeitstechniken, schulische Begabungen, Vorwissen, Behinderung der Lernfähigkeit
>
> „Weil es eben so schlau ist." - „Also, dass der DNA anders ist." - „Weil es schnell schreiben kann." - „Vielleicht hat der 'ne Leseschwäche."
>
> *– Motivation und emotionale/affektive Variablen*
> Einstellungen, Interessen, seelische und Befindlichkeiten, psychosomatische Probleme
>
> „Das kommt auf die Tage an: ob ich schlechte Laune oder gute Laune habe. Manchmal will ich lesen, manchmal nicht." - „Vielleicht bin ich so aufgeregt, und dann stottere ich so halb." „Wenn ich nicht richtig ausgeschlafen bin." - „Vielleicht, weil ich Linkshänder bin, und durch meinen Kopf geht ja alles anders'rum wie bei dir, du bist ja vielleicht Rechtshänder."
>
> *Externale Faktoren*
>
> *– Schulische und häusliche Faktoren, kritische Lebensereignisse, Zufall (Glück/Pech)*
> „Weil die Aufgaben zu schwer sind." - „Weil die andern mich stören immer." - „Manchmal spricht meine Lehrerin so schnell und erklärt das nicht richtig." - „Der R. hat keine Schuld, seine Mutti ist nie zu Hause." - „Weil ich dann keine Ruhe habe, wenn mein Neffe kommt. Auch mein Bruder ist oft so laut." - „Vielleicht, wenn die Eltern geschieden sind." - „Ich kann mich nicht so konzentrieren, wenn mein Goldhamster gestorben ist, dann muss ich immer daran denken." - „Wenn ich einen Schutzengel dabei habe." - „Weil ich mit dem falschen Bein aus dem Bett gefallen bin."

In der 2. und 3. Klasse konnten etwa 80% der befragten Kinder Erklärungen zu ihrem schulischen Erfolg geben. Da Kinder sich selbst sehr positiv in ihren Fähigkeiten einschätzen, gelang es nur vergleichbar wenigen, Ursachen von Misserfolg zu nennen, und zwar etwa die Hälfte der Befragten im 2. Schuljahr und fast drei Viertel im 3. Schuljahr. Mit zunehmendem Alter wurden die Antworten der Kinder auch vielfältiger. In der 2. Klasse nannte über die Hälfte der Kinder einen Grund, etwas mehr als ein Drittel zwei Gründe und knapp 10% drei und mehr Gründe. In der dritten Klasse nahm erwartungsgemäß die Anzahl der Kinder zu, die mehrere Gründe angeben konnten.

In der 2. Klasse wurde als häufigste Erklärung für den Erfolg Anstrengung (zu 51%), gefolgt von externalen Erklärungen sowie eigene Fähigkeiten genannt. Motivation bzw. emotionale Faktoren spielten keine Rolle in dieser Altersstufe. Ein Jahr später, in der dritten Klasse, führten die Kinder eigenen Erfolg in ähnlichem Umfang auf Anstrengung und externale Erklärungen zurück, jedoch rückten nun die Fähigkeiten auf Platz zwei und die Motivation gewann ein größeres Gewicht.

Kinder mit längerer und kürzerer Verbalbeurteilung (Noten ab Klasse 2 bzw. ab Klasse 3 oder 4) unterschieden sich nur in der zweiten Klasse geringfügig: Kinder mit verbaler Beurteilung nannten signifikant häufiger externale Ursachen als Erklärung für ihren Erfolg und etwas seltener Anstrengung (s. Abb. 10).

Abb. 10: Der Einfluss der Bewertungsform auf die Erklärung von Erfolg in der Mitte des 2. Schuljahrs

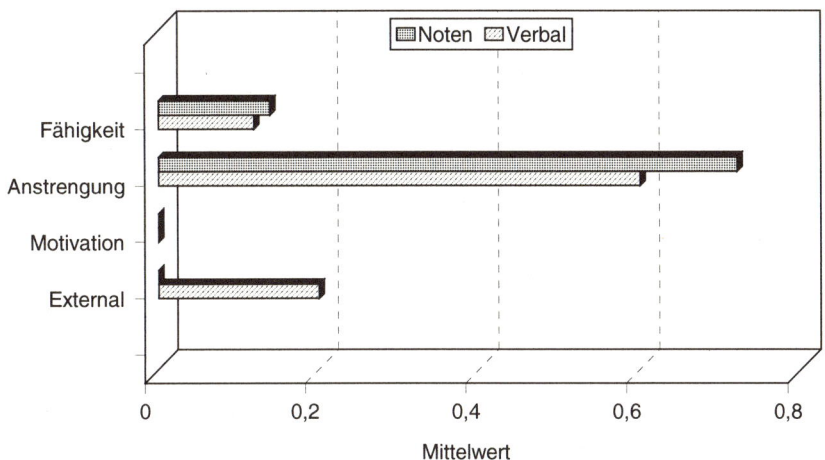

Abb. 11: Der Einfluss der Bewertungsform auf die Erklärung von Misserfolg in der Mitte des 2. Schuljahres

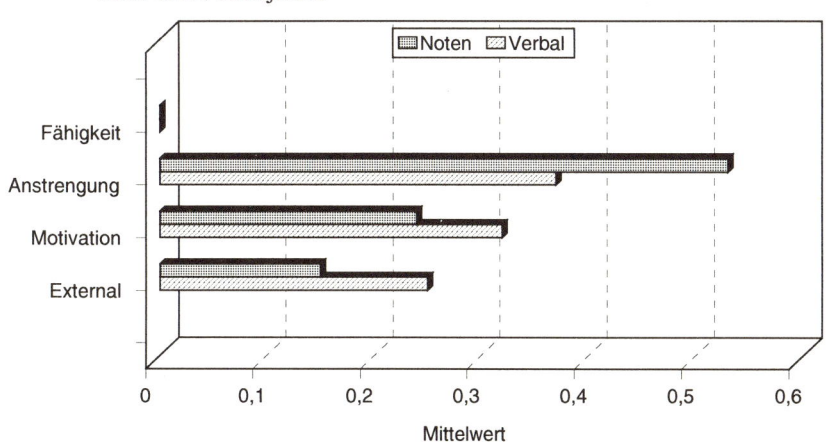

Bei der Erklärung des Misserfolgs nannten die Kinder im zweiten Schuljahr am häufigsten mangelnde Anstrengung, gefolgt von fehlender Motivation und externalen Erklärungen (Abb. 11). Die eigenen Fähigkeiten spielten keine Rolle. Dabei nannten die Notenkinder gegenüber den verbal beurteilten Kindern häufiger die Anstrengung als Ursache schulischen Misserfolges.

Im dritten Schuljahr überwog die mangelnde Motivation (die Einstellung zum Lernen und aktuelle Befindlichkeit) als Haupterklärung für eigenen Misserfolg, gefolgt von mangelnder Anstrengung und externalen Erklärungen (wie Aufgabenschwierigkeit und fehlende Unterstützung bei den Hausaufgaben). Es gab zwar einige Unterschiede zwischen Kindern aus Klassen mit längerer und kürzerer Notengebung, die Unterschiede waren statistisch jedoch nicht bedeutsam.

Als Fazit für die 2. und 3. Klasse ergibt sich: Bei der Erklärung von Erfolg und Misserfolg in der Schule mittels offener Fragen waren Gemeinsamkeiten und Unterschiede zwischen Erklärungsmustern zu Erfolgs und Misserfolg zu finden. Am häufigsten wurde die Anstrengung als Grund sowohl für den Erfolg als auch den Misserfolg genannt. Bei der Erklärung von Erfolg spielten dann noch die Motivation, die eigene Fähigkeit und externale Ursachen eine Rolle. Bei der Erklärung von Misserfolg wurde häufiger auf fehlende Motivation („Null-Bock") verwiesen.

Fragt man danach, wie selbstwertdienlich diese Erklärungen sind, so sind die Ergebnisse nicht eindeutig. Positiv ist zu werten, dass die Kinder bei Erfolg häufiger als bei Misserfolg Fähigkeiten nennen. Mangelnde Fähigkeiten werden so gut wie gar nicht als Ursache für Misserfolg in Erwägung gezogen. Als selbstwertdienlich gilt auch, wenn man für Misserfolg externale Umstände veranschlagt und für Erfolg internale Faktoren nennt. Auch in dieser Hinsicht wird deutlich, dass die Kinder dieser Altersstufe hier „günstige" Erklärungen parat haben. Die Erwartung, dass verbal beurteilte Kinder günstigere Erklärungsmuster aufweisen, ließ sich nicht bestätigen. Es ist eher als ungünstig zu werten, dass sie Leistungserfolge auf externale Ursachen zurückführen.

Von Klasse 4 an wurden die Kinder schriftlich befragt, indem ihnen Erklärungsmöglichkeiten (nach Fend) vorgegeben wurden (0=trifft überhaupt nicht zu, 3=trifft völlig zu).

Bei der Erklärung von *Erfolg* stimmten die Kinder folgenden Aussagen bejahend zu:

- *Anstrengung*: Ich hab zu Hause gelernt (77%); Ich hab mich angestrengt (86%)
- *Aufmerksamkeit*: Ich war konzentriert (72%); Ich war bei der Sache (82%)
- *Merkfähigkeit/Begabung:* Ich kann vieles behalten (73%); Ich bin einfach begabt (49%)

- *Glück*: Ich habe Glück gehabt (59%)
- *Unterricht*: Der Lehrer ist nicht zu schnell vorgegangen (59%); Der Unterricht ist nicht zu schwierig (72%).

Bei der Erklärung von Misserfolg wurden internal variable Ursachenzuschreibungen als Erklärung für schlechte Leistung häufig als zutreffend bewertet, und zwar

- *Anstrengung*: „Ich habe mich nicht genug angestrengt" (43%) und „Ich habe zu Hause nicht genügend gelernt" (31%) sowie *Aufmerksamkeit*: „Ich bin in Gedanken woanders" (33,8%) und „Ich kann mich nicht die ganze Stunde konzentrieren" (33,2%).

Merkfähigkeit als internal stabiles Erklärungsmuster („Ich kann vieles nicht behalten") fand mehr Zustimmung (33%) als das explizit benannte Begabungsdefizit („Ich bin für die Schule nicht so begabt") (16%). Zufall als externale Ursache von Misserfolg wurde in Klasse 4 zu 48% befürwortet. Weitere Vorschläge zur externalen Zuschreibung, die sich auf Unterricht („Der Lehrer ist zu schnell vorgegangen", 26%) und Aufgabenschwierigkeit („Der Unterricht ist zu schwierig", 16%) bezogen, wurden deutlich seltener bejaht.

Um zuverlässigere Berechnungen anstellen zu können, wurden einzelne Fragen zu Skalen zusammengefasst. Beim Vergleich der Kinder mit kürzerer und längerer Verbalbeurteilung ergab sich nur ein statistisch bedeutsames Ergebnis: Die Notenkinder erklärten schulischen Erfolg in höherem Grad mit der eigenen Fähigkeit als die Kinder mit längerer verbaler Beurteilung (Abb. 12).

Abb. 12: Der Einfluss der Bewertungsform auf die Erklärung von schulischem Erfolg in Klasse 4

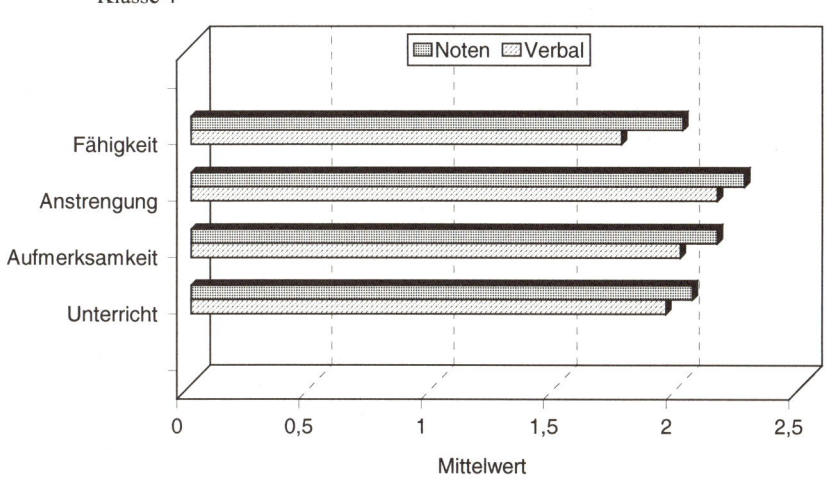

Die nach Schulnoten gebildeten Leistungsgruppen unterschieden sich in der Attribution von Erfolg auf die eigene Fähigkeit. Die Schüler mit den besseren Noten schrieben den Schulerfolg in höheren Maße der eigenen Fähigkeit zu als die Schüler mit den weniger guten Noten. Diese Erklärungsform wurde von den verbal beurteilten Kindern der LG2 sogar weniger häufig gewählt als von den Notenkindern gleichen Leistungsniveaus.

Ungünstig für das eigene Selbstbild ist die Erklärung schulischen Misserfolges durch die eigene - mangelnde - Fähigkeit. Hier gab es keinen Unterschied zwischen Kindern mit Noten und Verbalbeurteilung. Allerdings gab es einen Zusammenhang mit den Leistungsgruppen: Kinder mit weniger guten Noten griffen häufiger auf dieses ungünstige Erklärungsmuster zurück als Kinder mit guten Noten. Die Notenkinder der Leistungsgruppe 2 wählten diese Erklärung seltener als die verbal beurteilten Kinder der gleichen Leistungsgruppe.

Fazit: Die Vermutung, dass Kinder mit längerer Verbalbeurteilung günstigere Erklärungsmuster aufweisen, ließ sich nicht generell bestätigen. In der 3. Klasse gab es keine bedeutsamen Unterschiede zwischen Notenkindern und Kindern mit längerer Verbalbeurteilung, wenngleich Letztere etwas häufiger Leistungserfolge auf externale Ursachen zurückführten, was allerdings als wenig selbstwertdienlich anzusehen ist. In der 4. Klasse hatten die Kinder mit längerer Notengebung „günstigere" Erklärungsmuster, insofern sie schulische Erfolge häufiger auf eigene Fähigkeiten zurückführten. Schülerinnen und Schüler mit guten Schulnoten führten den schulischen Erfolg häufiger auf die eigene Fähigkeit zurück als die Kinder mit den schlechteren Noten. Umgekehrt war das Verhältnis bei der Erklärung schulischen Misserfolgs. Diese Erklärungsmöglichkeit wurde von den Schülerinnen und Schülern mit den schlechteren Noten häufiger gewählt als von denen mit guten Noten, jedoch war bei den Schülerinnen und Schülern mit schlechten Noten unter der Notenbewertung sowohl bei Erfolg als auch Misserfolg die jeweils günstigere Attribuierung häufiger vertreten als bei den verbal beurteilten Kindern.

Schwierigkeit

Die Kinder wurden auch danach befragt, wie sie die Schwierigkeit der Schule allgemein und die der Fächer Rechnen und Deutsch einschätzten. In der Literatur fand sich zu diesem Bereich keine Aussage. Hier ließe sich jedoch die Vermutung aufstellen, dass Kinder, die benotet werden, die Anforderungen als höher erleben (besonders im Falle schlechter Noten). Zudem ist zu vermuten, dass in Klassen mit Verbalbeurteilung eher ein an den aktuellen Leistungen der Kinder orientierter differenzierender Unterricht stattfindet.

Zur Feststellung der Schwierigkeit wurden (in Anlehnung an Helmke) den Kindern in der Mitte der 2. Klasse sowie in der Mitte der 3. Klasse die folgenden Fragen gestellt: „Wie schwierig findest du es in der Schule?" bzw. „Wie schwierig findest du Lesen, Rechnen und Schreiben, Rechtschreibung, Sport, Bildende Kunst?" Als Antwort wurden 5 Möglichkeiten vorgegeben: von „viel zu schwierig" bis „viel zu einfach".

Die Querschnittsvergleiche erbrachten folgende Ergebnisse: In der Mitte der 2. Klasse beurteilten die Notenkinder die Schwierigkeiten in der Schule allgemein sowie im Rechnen höher als die Kinder mit längerer Verbalbeurteilung. Am Ende der 3. Klasse schätzten die Notenkinder die Schwierigkeit im Lesen und Sport signifikant höher ein als die Kinder mit Verbalbeurteilung. Ansonsten fand sich noch eine signifikante Wechselwirkung von Herkunft und Beurteilungsform: Zum Beginn der 2. Klasse schätzten in Ostberlin die Notenkinder, in Westberlin die verbal beurteilten Kinder das Fach Rechnen als schwieriger ein. In der Mitte der 3. Klasse schätzten die Jungen mit Notengebung und die verbal beurteilten Mädchen die Schwierigkeit im Rechtschreiben höher ein. Die Schulnoten hatten keinen signifikanten Einfluss auf die Beurteilung der Schwierigkeit. Tendenziell schätzten jedoch die Kinder mit den guten Noten gegenüber den schlechteren Schülern den Unterricht als weniger schwierig ein.

Die Ergebnisse bestätigen also teilweise die Vermutung, dass mit Noten beurteilte Kinder die schulischen Anforderungen als höher erleben.

Schulleistungen

In jedem Schuljahr wurden die Schulleistungen in den Hauptfächern mit entsprechenden Untertests aus gängigen Schulleistungstests gemessen. Im 2., 3. und 4. Schuljahr verwendeten wir aus dem Allgemeinen Schulleistungstest (AST) jeweils einen Mathematik- und einen Rechtschreibtest, in Klasse 2 und 4 einen Lesetest. Da die Kinder aus den Klassen mit längerer Verbalbeurteilung auch einen höheren Intelligenzquotienten aufwiesen und schon allein aus diesem Grund bessere Schulleistungen zu erwarten sind, wurde der Einfluss der Intelligenz statistisch ausgeschaltet. Insgesamt traten nur zwei bedeutsame Unterschiede auf: Im 2. Schuljahr waren die Notenkinder etwas besser in der Rechtschreibung, im 4. Schuljahr erzielten die verbal beurteilten Kinder im Rechentest einen höheren Wert.

Die auch von vielen Eltern unserer Befragung geteilte Befürchtung, Kinder aus verbal beurteilten Klassen würden weniger lernen und schlechtere Schulleistungen aufweisen (z.B. weil Noten als Druckmittel wegfallen), erwies sich also als unbegründet. Der Zensurendurchschnitt der Klassen 3 und 4 war ebenfalls vergleichbar.

Abschließende Bemerkungen

Insgesamt ist die Ausbeute an statistisch bedeutsamen Unterschieden bei den zahlreichen Vergleichen von Kindern mit Notengebung und verbaler Beurteilung recht bescheiden:

Die allgemeine Schulfreude verringerte sich von der 2. bis zur 4. Klasse sowohl bei verbaler Bewertung als auch bei Notenbewertung ab Klasse 2 bei allen Schülern und Schülerinnen und auch den Kindern mit guten und schlechteren Noten. Bei der fächerspezifischen Lernfreude konnte nur für zwei Fächer (Mathematik und Rechtschreibung) ein Effekt der Bewertungsform nachgewiesen werden, der nur in Wechselwirkung mit dem Geschlecht und der Herkunft statistisch bedeutsam war. Das bedeutet, dass sich die Bewertungsform nur unwesentlich auf die Schulfreude und die Lernfreude in den einzelnen Fächern auswirkte.

Die Bewertungsform wirkte sich nicht auf das absolute, sondern nur auf das relative Fähigkeitsselbstkonzept bezüglich der verschiedenen Lernbereiche aus. Insgesamt finden sich jedoch nur Ergebnisse, die gegen unsere Hypothese sprechen: Bei den wenigen signifikanten Unterschieden waren es die Notenkinder, die zu unterschiedlichen Zeitpunkten in jeweils unterschiedlichen Fächern höhere Fähigkeitsselbstkonzepte aufwiesen.

In einigen Skalen der Angst und Leistungsangst wurde entgegen unserer Erwartung eine Verringerung von der 2. zur 3. bzw. 4. Klasse festgestellt. Im 3. Schuljahr zeigten die Notenkinder eine größere Besorgtheit hinsichtlich ihrer Schulleistungen als die Kinder mit verbaler Bewertung. Dieser Unterschied war im 4. Schuljahr verschwunden. In der 3. Klasse waren bei den Kindern mit schlechten Zensuren die Ängste und Sorgen der Notenkinder größer als die der Kinder mit längerer Verbalbeurteilung.

Zu Beginn der 3. Klasse war ebenso wie auch in der 2. Klasse die positive Leistungsmotivation „Hoffnung auf Erfolg" höher als die negative „Furcht vor Misserfolg". Die Notengebung führte nur bei den Ostberliner Schülern und Schülerinnen zu einer etwas größeren Furcht vor Misserfolg als die längere verbale Beurteilung. Eine tendenziell höhere extrinsische Leistungsmotivation war bei den Schülerinnen und Schülern mit früher einsetzender Notenbewertung in der Mitte der 3. Klasse zu beobachten. Dies zeigte sich vor allem bei den Kindern mit guten Noten in Klasse 3.

Die mit Noten beurteilten Kinder schätzten die schulischen Anforderungen als schwieriger ein. Die Schülerinnen und Schüler mit den besseren Schulnoten schätzten die Schwierigkeit geringer ein als die mit den schlechteren Noten. Geringe Auswirkungen hatte die Beurteilungspraxis auf die Schulleistungen. Auch war das Bild der Wirkungen uneinheitlich. Im Rechtschreibtest der 2. Klasse erreichten die Notenkinder die besseren Leistungen, während im Mathematiktest der 4. Klasse die Schüler mit verbaler Bewertung überlegen waren.

Die hier dargestellten Ergebnisse zu Unterschieden und Veränderungen in den schulbezogenen Einstellungen, den Schulleistungen und in der Persönlichkeit unter verschiedenen Bewertungsformen (Notengebung vs. verbale Beurteilung) belegen insgesamt nur geringe Auswirkungen der unterschiedlichen Beurteilungspraxis. Dies entspricht der Hamburger Studie von Lehmann u.a. (1997). In dieser Querschnittserhebung wurden im 5. Schuljahr Schülerinnen und Schüler verglichen, die bis zum Ende der 4. Klasse noch Berichtszeugnisse bzw. Notenzeugnisse erhalten hatten. Sie unterschieden sich nicht in Bezug auf das Wohlbefinden in der Schule und die lernbezogenen Selbstbilder. Man kann also nicht generell von einer die Leistungs- und Persönlichkeitsentwicklung fördernden oder hemmenden Wirkung der unterschiedlichen Bewertungsformen sprechen, sondern nur von differentiellen Wirkungen. Allgemein kann man sagen, dass die schwächeren und ängstlicheren Schüler und Schülerinnen mehr von der verbalen Bewertung profitieren als die leistungsstarken, weniger ängstlichen.

Ein Grund für die geringe Wirksamkeit der verbalen Beurteilung ist sicherlich darin zu sehen, dass die mit dieser Zeugnisform verbundenen Intentionen in der Praxis kaum umgesetzt worden sind, wie die in diesem Buch geschilderten Ergebnisse der Unterrichtsbeobachtungen und der Zeugnisanalysen zeigen. Selbstkritisch lässt sich also zur Anlage unserer Studie sagen, dass sie aufgrund der bisher wenig intentionsgerechten Umsetzung der Berichtszeugnisse nichts aussagen kann über die Effektivität einer verbalen Beurteilung, die all den Kriterien gerecht wird, welche die Grundschulreformer sich wünschen. Unsere Studie erlaubt allerdings einen Vergleich der Entwicklung von Schülerinnen und Schülern mit kürzerer und längerer Notengebung in der Grundschule. Was nun die Effekte der Notengebung betrifft, so werden zumindest einige Befürchtungen der Gegner von Noten bestätigt: bei schwachen Kindern, also Kindern mit schlechten Noten, ist eine stärkere Misserfolgsorientierung zu beobachten sowie eine größere Leistungsangst. Bei Schülern mit guten Noten ergab sich eine höhere externale Motivation. Mit Noten beurteilte Kinder erlebten die schulischen Anforderungen als schwieriger.

12. Grundschule und Leistungsbeurteilung - Anspruch und Wirklichkeit

von Renate Valtin

Leistungsbeurteilung, sei es in Form von Noten oder von Rückmeldungen auf das Verhalten von Kindern im Unterricht gehört zum täglichen Brot von Pädagogen und ist ein wichtiger Bestandteil der Berufsrolle. Problematisch ist dabei, dass Lehrerinnen und Lehrer ein Rollenspektrum zu erfüllen haben, das von vornherein Spannungen, Ambivalenzen und Widersprüche in sich birgt: Der pädagogische Auftrag, ein Kind individuell zu fördern, zu fordern und zu ermutigen, steht oft genug im Widerspruch mit dem gesellschaftlichen Auftrag von Schule, Ausleseentscheidungen vorzubereiten, zu treffen und den Betroffenen gegenüber zu rechtfertigen. Leistungsbeurteilung steht immer in diesem Spannungsverhältnis - und je nach Unterrichtssituation, Besonderheiten des Schülers oder der Klasse, Berufsverständnis und Persönlichkeitstyp treffen Lehrer und Lehrerinnen ihre Entscheidungen täglich bei der Leistungsrückmeldung oder halbjährlich oder jährlich bei der Abfassung von Zeugnissen. Wie auch immer ihre Einstellungen zur Bewertung ist, sie tun gut daran, die Erwartungen und Wünsche der Betroffenen, also der Kinder und ihrer Eltern, zu berücksichtigen.

Aus diesem Grund werden im Folgenden noch einmal wichtige Ergebnisse unserer Studie unter dem Gesichtspunkt betrachtet, welche Bedeutung sie für das Alltagshandeln und das Berufsverständnis von Lehrerinnen und Lehrern sowie für bildungspolitische Entscheidungen haben.

Die Sicht der Kinder: große Zufriedenheit mit der Schule und den Zeugnissen

Zunächst die gute und erfreuliche Nachricht: Kinder geben ihren Lehrerinnen sehr gute oder gute Noten für die pädagogische Arbeit. Dies zeigt sich zunächst an der hohen allgemeinen Schulfreude: Fast alle Kinder gehen gern zur Grundschule. Auch die Freude an den einzelnen Fächern (mit Ausnahme von Rechtschreibung) ist überwiegend hoch. Ausgesprochen ungern haben ein Fach vom 1. bis zum 6. Schuljahr nur 3% - 5% der befragten Schülerinnen und Schüler. Hier nicht berichtet wurde, dass bis ins 6. Schuljahr der Grundschule hinein Kinder auch die Beziehung zu ihren Lehrern und das Klassenklima als sehr positiv erleben (Valtin/Darge 2001).

Auch mit ihren Zeugnissenn in den ersten Grundschulklassen sind Kinder sehr zufrieden. Die erste verbale Beurteilung hat sogar 97% der Kinder gut oder sehr gut gefallen. Bis zum 5. Schuljahr sinkt diese Rate der Zufriedenheit mit den Notenzeugnissen auf 50%. Allerdings fühlen sich fast alle Kinder gerecht beurteilt. Das heißt, sie schreiben ihr schlechtes Zeugnis nicht den Lehrenden, sondern sich selbst zu. Das Gefühl, gerecht beurteilt worden zu sein, nimmt im Laufe der Schuljahre zwar ab, aber bei den meisten Schülerinnen und Schülern überwiegt die positive Einstellung (mit 80% im 6. Schuljahr).

Was die Zeugniswünsche der Kinder betrifft, so steht der Wunsch nach Eindeutigkeit der Leistungsbeurteilung und Anerkennung im Vordergrund, wobei die meisten Schülerinnen und Schüler der Ansicht sind, dass Ziffernnoten diese Funktion am besten erfüllen. Jedoch wünschen sie sich kein reines Notenzeugnis, sondern auch schriftliche Kommentare, die vor allem Aufschluss über Fördermaßnahmen geben sollen. Allenfalls für das Verhalten und Benehmen sprechen sie sich für verbale Beurteilungen aus - und nicht für Ziffern bei den „Kopfnoten", wie es gegenwärtig in einigen Ländern diskutiert wird.

Die schlechte Nachricht: Schon die Zweitklässler betonen überwiegend die Auslesefunktion von Zeugnissen („ein Zeugnis unterscheidet die Schwächeren von den Guten"). Bis ins 6. Schuljahr haben sie sich mit dieser Auslesefunktion arrangiert. Das zeigen vor allem die Einstellungen der zukünftigen Hauptschüler: sie fühlen sich gerecht beurteilt und wünschen sich in noch stärkerem Ausmaß als die Schülerinnen und Schüler mit einer Gymnasialempfehlung ein reines Notenzeugnis. Dieses Ergebnis entspricht der Studie von Beutel u.a. (2000), derzufolge Haupt- und Realschülerinnen und -schüler häufiger ein reines Notenzeugnis wünschten und auch Noten auf dem Zeugnis für gerechter ansahen als Berichtszeugnisse. Gerade die als leistungsschwach Eingestuften zeigen damit, dass sie das schulische Leistungsprinzip verinnerlicht haben und die Sozialisationsfunktion der Leistungsbeurteilung bei ihnen „angekommen" ist. Sacher (1996) hat darauf verwiesen, dass eine verdeckte Sozialisationsfunktion der Zensurengebung in der Schule ihr Beitrag zur „Abkühlung" ist. Eine leistungsorientierte demokratische Gesellschaft muss zunächst im Interesse der Leistungssteigerung daran interessiert sein, bei jedem Einzelnen ein Höchstmaß an Motivation zu erzeugen, damit er sich am gesellschaftlichen Wettbewerb um begehrte Positionen beteiligt und dafür möglichst Höchstleistungen erbringt. Bei den Erfolglosen muss aber auch wieder eine „Abkühlung" der Motivation erfolgen, damit sie sich mit ihrem Schicksal abfinden und der soziale Frieden gewahrt bleibt. Die Notengebung - so Sacher - führt zu einem ständigen Vergleich zwischen den guten und den schwachen Schülern und weist den Rangplatz in der Gruppe so unmissverständlich zu, dass auch dem Letzten bewusst wird, wo sein Platz ist. Dieser Mechanismus greift umso besser, je mehr die Betroffenen der Überzeugung sind, die Beurteilung sei gerecht und stimmig. Da die Noten den Anschein von Exaktheit vermitteln, begünstigen sie diesen Mechanismus. Dass diese „Abkühlung" funktioniert, zeigen die Ergebnisse unserer Befragung mit den zukünftigen Hauptschülern, d.h. Grundschulkindern mit Hauptschulempfehlung. Problematisch ist nicht der Effekt der Abkühlung, sofern er der realistischen Einschätzung der eigenen Person, der Leistungsfähigkeit und der Bildungschancen dient. Problematisch ist, dass die Notengebung dazu nicht taugt, wie weiter unten ausgeführt wird.

Die Sicht der Eltern: hohe Erwartungen an Schule und Zeugnis

Was die pädagogische Arbeit der Lehrerinnen betrifft, sind Eltern insgesamt recht zufrieden. Zwar sinkt ihre Zufriedenheit mit der Grundschule mit zunehmendem Alter der Kinder, wie der Vergleich von Eltern mit Kindern im 2. und 6. Schuljahr zeigt. Die Kritik bezieht sich jedoch vorwiegend auf die schlechten Rahmenbedingungen, seltener auf die Methoden der Grundschule. Auch loben viele Eltern das pädagogische Engagement der Lehrerinnen.

Eltern haben, wie auch andere Untersuchungen belegen, große Erwartungen an die Schule. Diese betreffen einerseits die Qualifizierung der Schülerinnen und Schüler, also die Wissensvermittlung, wobei Eltern eine solide Vermittlung der Kulturtechniken Lesen, Schreiben und Rechnen erwarten. Andererseits wünschen sich Eltern auch Erziehungsleistungen von der Schule, wobei individualistische Ziele wie persönliche Selbstständigkeit und eigene Urteilsfähigkeit als bedeutend wichtiger erachtet werden als soziale Tugenden, Ordnung und Disziplin oder gute Umgangsformen. Eltern haben auch viele Wünsche an die Reform der Grundschule und halten folgende Maßnahmen für wichtig: vermehrte Kleingruppenarbeit, mehr lebensweltlicher Bezug des Unterrichts, Öffnung der Schule. Ferner besteht ein Wunsch nach Einrichtung von mehr Ganztagsschulen und nach nachmittäglichen Betreuungsangeboten.

Übereinstimmend mit der Hamburger Untersuchung von Beutel u.a. (2000) betrachten Eltern Zeugnisse als wichtig und notwendig. Grundsätzlich wird das Zeugnis von ihnen nicht in Frage gestellt, sondern als bedeutsames Medium der Leistungsrückmeldung angesehen. Dabei haben sie hohe Ansprüche an die Qualität des Zeugnisses und erwarten klare Leistungsrückmeldungen, Diagnosen von Stärken und Schwächen in der Lernentwicklung, Hinweise auf Fördermöglichkeiten sowie detaillierte Informationen über Arbeitsverhalten und Sozialverhalten. In Bezug auf die letzten beiden Bereiche legen die Eltern großen Wert auf Informationen über personale Kompetenzen (Selbstständigkeit, Durchsetzungsfähigkeit), weniger über die Konformität mit schulischen Standards. Sowohl bei den Leitvorstellungen zu den Aufgaben von Schule als auch beim Sozial- und Arbeitsverhalten gewichten Eltern Merkmale weniger stark, an deren Lehrerinnen besonders interessiert sein müssten, um ihren Unterricht reibungslos zu gestalten: Einhaltung schulischer Regeln und Normen, Umgang mit Arbeitsmaterialien oder Arbeitstempo. Dass dies die pädagogische Arbeit von Lehrerinnen erschweren kann, ist offensichtlich.

Angesichts der fast schon unerfüllbaren Erwartungen der Eltern an das Berichtszeugnis überrascht es nicht, dass die Aussagen der Eltern zum ersten und häufig auch einzigen Berichtszeugnis ihres Kindes am Ende der ersten Klasse eher verhalten sind, was Verständlichkeit und Informationsgehalt betrifft. Im Laufe der Grundschulzeit nehmen in den Augen der Eltern die Vorzüge der verbalen Beurteilung weiter ab. Demgegenüber steigen in den Augen der Eltern die Vorzüge der Noten, wenn man die Antworten von Eltern der Zweit- und Sechstklässler vergleicht. Selbst 80% der Anhänger der Verbalbeurteilung unterstützen die Aussage: „Bei einem Notenzeugnis weiß man genau, wo das Kind steht." Allerdings sind die Eltern auch von gewissen Vorteilen der verbalen Beurteilung überzeugt: dass sie dem Kind gezielte Hinweise auf Stärken bzw. Schwächen gibt und es dadurch anspornt bzw. anregt, gezielt an der Überwindung seiner Schwierigkeiten zu arbeiten. Diesen Vorzug sehen auch Eltern, welche prinzipiell die Notengebung befürworten. Deshalb ist es verständlich, dass sich die Eltern am häufigsten ein Zeugnis wünschen, das Noten und erläuternde Kommentare verbindet. Diese Zeugnisform ist in Berlin nicht vorgesehen, wohl aber in einigen Sekundarschulen in Hamburg. In der Hamburger Befragung (Beutel u.a. 2000) bevorzugten Eltern ebenfalls mehrheitlich schriftliche Kommentare zu den Noten. Sie wünschten sich Eindeutigkeit und Klarheit im Bewertungsurteil (was ihrer Meinung nach durch Zensuren realisiert wird) sowie ergänzende Hinweise. Insgesamt waren die Hamburger Eltern von Grundschulkindern den Berichtszeugnissen gegenüber aufgeschlossener als die Berliner Eltern und sahen weniger Nachteile (z.B. bei der Aussage, dass Berichtszeugnisse nicht genügend auf den Ernst des Lebens vorbereiten).

Ein Ergebnis dieser Studie war, dass Eltern sich überwiegend mit der Zeugnisform identifizieren, die sie an ihrer Schule vorfinden. Da in Hamburg die Berichtszeugnisse weiter verbreitet sind als in Berlin, lässt sich dadurch auch die günstigere Einschätzung dieser Zeugnisform erklären.

Da für die Akzeptanz von Berichtszeugnissen unter Eltern noch geworben werden muss, ist es wichtig zu wissen, dass Eltern mit höherem Bildungsabschluss noch am ehesten von den Vorzügen der verbalen Beurteilung überzeugt sind, wie unsere Studie im Einklang mit Ergebnissen von Lehmann u.a. (1997) und Beutel u.a. (2000) zeigt.

Die Lehrerinnen und Lehrer: Schwierigkeit mit der Umsetzung der Grundschul- und der Zeugnisreform

Die Hospitationen im Rahmen unserer Studie, aber auch andere Unterrichtsbeobachtungen (z.B. Brügelmann 1998) zeigen, dass es nur selten gelingt oder versucht wird, den Unterricht so zu gestalten, wie die Grundschulreformer es sich wünschen: kindorientiert und binnendifferenziert in Bezug auf selbstbestimmtes Lernen, Sozialformen, Inhalte und Materialien, mit individuell abgestimmten Unterrichtsanforderungen und der Förderung aller. Auch Lehrerinnen, die verbale Beurteilung praktizieren, ergreifen nicht immer die Gelegenheit, vom weitgehend lehrerzentrierten Unterricht abzuweichen. Angesichts der Klassengröße und des weitgehend frontal durchgeführten Unterrichts ist es nicht verwunderlich, dass die mündlichen Rückmeldungen, die Lehrerinnen auf Leistungen der Schüler und Schülerinnen geben, nur selten differenziert sind und sich ebenfalls selten auf den individuellen Fortschritt eines Kindes beziehen. Erfreulich ist allerdings, dass selten sozialvergleichende Bezugsnormen gewählt werden.

Angesichts der Erwartungen von Eltern an die Erziehungsleistung von Schule und die Gestaltung von Zeugnissen sind Spannungen mit den Lehrerinnen und Lehrern programmiert:

Wie schon Fölling-Albers (1992) herausgestellt hat, haben die Kinder heute aufgrund der veränderten gesellschaftlichen Bedingungen und der Wandlung der Erziehungsnormen einen erhöhten Individualisierungsanspruch, den auch die Eltern vertreten, in dem sie personale Kompetenzen ihres Kindes (Selbstständigkeit, Urteilsvermögen) höher gewichten als die Einhaltung schulischer Regeln und die Anpassung an schulische Verhaltensstandards. Das erschwert die Arbeit des Unterrichtens in der Schule, da das traditionelle Muster der Komplementarität von Autoritätsanspruch des Lehrers und Gehorsam/Unterordnung der Schüler und Schülerinnen nicht mehr besteht. Hinzu kommen gewachsene Ansprüche der Grundschulpädagogik in Bezug auf bestmögliche und individuelle Förderung aller Kinder, die auch viele Lehrerinnen in ihr berufliches Verständnis aufgenommen haben.

> *Notenzeugnis - nein danke!*
> Wünsche von Eltern und Kinder an das Zeugnis im Überblick:
> – Das Berichtszeugnis soll an das Kind gerichtet sein, also in der Du-Form geschrieben werden.
> – Es soll Informationen über das Arbeits- und Sozialverhalten enthalten ebenso wie förderdiagnostische Empfehlungen.
> – Das Zeugnis soll Noten und Kommentare enthalten.
> – Es soll Aufschluss darüber geben, inwieweit die Lehrplananforderungen erfüllt sind
> – Für die Beurteilung des Verhaltens und Benehmens wünschen sich Schülerinnen und Schüler einen allgemeinen Beurteilungstext, keine Ziffern.

Zur Problematik der Notengebung

Noten sind aus der Grundschule nicht mehr wegzudenken - so stellt es sich heute aus der Sicht der Betroffenen, der Kinder und der Eltern, dar, wie eines der Hauptergebnisse unserer Studie lautet. Dennoch tut man gut daran, sich dessen bewusst zu sein, dass die Schule in ihrer fünftausendjährigen Geschichte viereinhalbtausend Jahre ohne Zensuren und Notenzeugnisse ausgekommen ist (Sacher 1996, S. 7).

Betrachtet man die Wünsche der Eltern an das Zeugnis, so wird deutlich, dass die Noten mit Anforderungen und Erwartungen überfrachtet werden, die sie nicht erfüllen können. Die Leistungsbeurteilung, die im alltäglichen Unterricht notwendig ist, um die Lernvoraussetzungen der Kinder festzustellen und um didaktische Maßnahmen zu entwerfen, durchzuführen und auf ihren Erfolg hin zu überprüfen, lässt sich nicht mit einer Ziffer ausdrücken. Die Zensur erfüllt damit eine ihrer wesentlichen pädagogischen Funktionen nicht. Aber sie wird auch ihrem gesellschaftlichen Anspruch der Legitimation von Ausleseentscheidungen nicht gerecht, da der Zufall der Klassenzugehörigkeit bei der Zensurenvergabe wesentlich mitentscheidet. Wie schon Ingenkamp (1969/1995) in seiner Studie zum Vergleich von Testleistungen und Zensuren in Mathematik zeigte, waren auch in unserer Studie die Noten aus verschiedenen Klassen nicht vergleichbar. Für ein und dieselbe Testleistung erhielten Kinder in unterschiedlichen Klassen Zensuren zwischen Eins und Fünf. Dazu ein weiterer Beleg: In unserer nach Geschlecht und Herkunft ausbalancierten Stichprobe haben wir die Kinder aufgrund der Ergebnisse im Allgemeinen Schulleistungstest in eine gute und eine schwache Leistungsgruppe eingeteilt. Betrachtet man nun die Zensuren dieser Kinder, so hatten zwar im Durchschnitt die Kinder der oberen Leistungsgruppe statistisch bedeutsam bessere Zensuren, aber es gab eine große Überlappung: Kinder der oberen Leistungsgruppe hatten sehr häufig auch die Note 4, Kinder der unteren Leistungsgruppe die Note 2.

Wie schon Ingenkamp beklagte, ist von der Zensur nicht auf vergleichbare Merkmale eines Individuums zu folgen, sondern auf die Rangposition in einer bestimmten Schulklasse, in der sich der Schüler oder die Schülerin weitgehend zufällig befinden (Ingenkamp 1995). Das bedeutet, dass nach wie vor der Zufall der Klassenzugehörigkeit darüber entscheidet, ob ein Kind in der Schule gut oder schlecht ist bzw. zu Erfolg oder Versagen gelangt - mit allen misslichen Auswirkungen auf die Persönlichkeitsentwicklung des Kindes und mit lebensentscheidender Bedeutung für schulische Ausleseprozesse. In unserer Studie nicht untersuchen konnten wir die schichtspezifische Auslese, die Begünstigung der Kinder aus Mittel- und Oberschichten und die Benachteiligung von Kindern der unteren sozialen Schichten, welche die Problematik der Notengebung noch verschärft (Ingenkamp 1995).

Dringend zu fordern ist deshalb die Überprüfung der klasseninternen Bezugsnorm bei der Zensurengebung. Lehrkräfte brauchen gelegentlich einen Vergleichsmaßstab über viele Klassen hinweg, damit sie ein Korrektiv erhalten für ihren klassenbezogenen Maßstab der Notengebung. Standardisierte Schulleistungstests können hier hilfreich sein.

Was die Auswirkungen der Notengebung betrifft, zeigen die längsschnittlichen Analysen, dass die Befürchtungen der Gegner der Notengebung sich zumindest teilweise bestätigten: Kinder mit schlechten Noten entwickeln eine stärkere Leistungsangst, vor allem im Bereich der Besorgtheit. In Bezug auf die Lernmotivation konnten wir Anzeichen für das beobachten, was Sacher (1996, S. 74) als Notenangst und Notengeilheit bezeichnet: eine stärkere Misserfolgsorientierung in der Leistungsmotivation der Kinder mit schlechten Noten sowie eine stärkere externale Motivation bei Kindern mit guten Noten.

Zur Problematik (der Realisierung) der verbalen Beurteilungen

Wie auch viele andere Studien zeigen, erfüllen die Berichtszeugnisse, so wie sie gegenwärtig realisiert werden, nur selten die in sie gesetzten Erwartungen. Dies bezieht sich einmal auf die Intentionen der Zeugnisreform: umfassende Beschreibung nicht nur des Lernproduktes, sondern auch des Lernprozesses, Diagnose von Stärken und Schwächen der Kinder, Empfehlungen für Fördermaßnahmen sowie Ermutigung. Zum anderen wünschen sich die Eltern, das Zeugnis möge darüber Aufschluss geben, inwieweit das Kind den Anforderungen des Rahmenplans gerecht wird. Derartige Informationen sind für einen Laien aus den Texten häufig schwer ablesbar. Eine Äußerung wie: „Er bewegt sich sicher im Zahlenraum von 1 bis 10" kann zu falschen Schlussfolgerungen verleiten, wenn der Zahlenraum von 1 bis 100 verlangt wird. Wünschenswert wäre deshalb eine Änderung der Zeugnisformulare dahingehend, dass sich zumindest ansatzweise die Anforderungen eines Faches ablesen lassen.

Eine administrielle Verfügung, dass Berichtszeugnisse zu schreiben sind, ist nicht ausreichend, um die intentionsgerechte Umsetzung zu sichern. Eine Zeugnisreform ist nur sinnvoll bei verändertem Unterricht. Die bislang nicht gelungene Umsetzung der Reformen in der Grundschule und den Zeugnissen kann nicht dem mangelnden guten Willen der Lehrerinnen angelastet werden. Voraussetzungen sind strukturelle Änderungen in der Bildungspolitik und der Lehrerbildung. So gilt es die schulischen Rahmenbedingungen in der Grundschule zu verbessern, was Klassengröße, Bereitstellung von Materialien und Lehrerstunden angeht. Deutschland liegt im internationalen Vergleich der Industrienationen mit seinen Ausgaben für den Primarbereich des Bildungswesens am beschämenden unteren Ende. Ferner brauchen Lehrkräfte der Grundschule eine mit anderen Lehramtstypen vergleichbar lange Ausbildung, um dem gesteigerten Erziehungsbedarf der heutigen Kinder gerecht zu werden. Sie brauchen auch eine bessere Ausbildung in der Diagnose des Lernentwicklungsstands in den Lernbereichen sowie in der Entwicklung und Durchführung darauf abgestimmter didaktischer Maßnahmen. Dazu gehören auch Kenntnisse der Entwicklungspsychologie, der Pädagogischen Psychologie und der Fachdidaktik - alles Bereiche, die laut Studienordnungen - je nach Bundesland - für die Lehramtsstudierenden nicht verbindlich sind oder nur in geringem Umfang studiert werden müssen. Erst nach Schaffung dieser günstigen Voraussetzungen kann damit gerechnet werden, dass die verbale Beurteilung auch angemessen realisiert wird und nicht das ist, was einem Kind in einem Interview als Versprecher unterlief: eine „verbale Verurteilung".

13. Informationen zum Projekt NOVARA

von Renate Valtin

NOVARA gehörte zu einer von der Deutschen Forschungsgemeinschaft finanzierten Forschergruppe: „Bildung und Schule im Transformationsprozess von SBZ, DDR und neuen Ländern. Untersuchungen zu Kontinuität und Wandel", an der Kollegen aus der Freien Universität Berlin und der Humboldt-Universität zu Berlin beteiligt waren.

Ziele, Untersuchungsinstrumente, Stichprobe

In unserem Projekt NOVARA (**N**oten **o**der **V**erbalbeurteilung: **A**kzeptanz, **R**ealisierung, **A**uswirkungen) ging es um die Analyse aktueller Transformationsprozesse in Ost- und Westberliner Grundschulen, und zwar am Beispiel der Zeugnisreform, die vorsieht, dass Notenzeugnisse durch Berichtszeugnisse ersetzt werden. Der Verzicht auf Notengebung und die Einführung der verbalen Beurteilung gelten als Kernstück der Grundschulreform, die auf individuelle Förderung aller Kinder, ermutigende Erziehung und Anhebung der Chancengerechtigkeit abzielt. Befürworter der verbalen Beurteilung erwarten positive Effekte auf die Persönlichkeitsentwicklung der Kinder und eine größere pädagogische Wirksamkeit. Umfassende empirische Belege dafür fehlen jedoch. In Berlin wurde eine empirische Untersuchung unterschiedlicher Bewertungssysteme durch geeignete Rahmenbedingungen ermöglicht, denn mit der Übernahme des Westberliner Schulgesetzes werden in der sechsjährigen Berliner Grundschule seit dem 1. 8. 1991 in der ganzen Stadt in der 1. Klasse keine Noten erteilt und auch in den Klassenstufen 2 bis 4 können Noten durch verbale Beurteilungen ersetzt werden.

Im Projekt NOVARA wurde die Realisierung der verbalen Beurteilung im West- und im Ostteil der Stadt untersucht. Dabei wurden drei Hauptziele verfolgt:

1) Ermittlung der *Akzeptanz* der verbalen Beurteilung bei den Beteiligten (Kindern, Lehrkräften, Eltern).

Da eine derartige „Reform von oben", wie sie die Zeugnisreform in Berlin darstellt, nur angemessen realisiert werden kann, wenn sie auf breite Akzeptanz der Betroffenen stößt, haben wir alle Beteiligten zu verschiedenen Zeiten zu ihren Einstellungen und Wünschen in Bezug auf Notengebung und

Verbalbeurteilung befragt. Als Erhebungsinstrument diente ein mündliches Einzelinterview mit Kindern (wobei sich einige Fragen an Kirschner 1992 und Faust-Siehl/Schweitzer 1992 anlehnten) sowie Fragebögen für Lehrer und Eltern (in Anlehnung an H. J. Schmidt 1980, Schlottke/Speidel 1981 und W. W. Weiß 1986, mit zusätzlichen Fragen aus Repräsentativerhebungen wie der Allgemeinen Bevölkerungsumfrage, ALLBUS 1986).

2) Ermittlung der *Realisierung* der Leistungsbeurteilung durch die Lehrkräfte.

In diesem Bereich wurden zwei Fragestellungen verfolgt:

– Wie werden Noten vergeben?
Sind Noten in unterschiedlichen Fächern oder von Kindern aus unterschiedlichen Klassen oder Schuljahren miteinander vergleichbar? Werden Mädchen und Jungen gleich bewertet? Kann man von der Zensur auf die Leistungen in einem Schulleistungstest schließen?

– Wie werden verbale Beurteilungen von Lehrerinnen realisiert?
Berichtszeugnisse können den von ihnen erwarteten pädagogischen Funktionen nur gerecht werden, wenn sie bestimmte Kriterien erfüllen, z.B. nicht nur sprachlicher Ausdruck einer Ziffernnote sind. Uns interessierte, in welcher Form und mit welchem Inhalt die Berichtszeugnisse abgefasst sind, z.B. Länge, Aufbau, Gewichtung der angesprochenen Bereiche, Arten der zugrunde gelegten Bezugsnorm (sachlich, sozial, individuell), Hinweis auf Fördermöglichkeiten, Häufigkeit von Lob und Tadel. Analysiert wurden alle 247 Berichtszeugnisse, die uns aus 25 Klassen zur Verfügung gestellt wurden.

– In welcher Form erhalten Schülerinnen und Schüler im alltäglichen Unterricht Leistungsrückmeldungen?
Dies wurde erfasst in dem ebenfalls von der DFG geförderten Projekt NOVUS (**N**oten **o**der **V**erbalbeurteilung: **U**nterrichtsorganisation und **S**anktionsverhalten von Lehrkräften in Ost- und Westberliner Grundschulen), das von Valtin und Wagener geleitet wurde. Untersucht wurde die Frage, ob Lehrerinnen, welche die verbale Beurteilung bevorzugen, eine stärkere Reformorientierung aufweisen und einen anderen Unterricht praktizieren als Lehrerinnen, die sich für Notengebung aussprechen.

3) Ermittlung von *Auswirkungen der Beurteilungsform auf die schulbezogenen Persönlichkeitsmerkmale der Schülerinnen und Schüler*.

Hier interessierten zwei Fragen:

– Wie verlaufen die Entwicklungen wichtiger, leistungsbezogener Persönlichkeitsmerkmale von Kindern in der Grundschule, wie beispielsweise Lernfreude, Selbstbilder, Leistungsmotivation oder Ängstlichkeit?

– Unterscheiden sich Schüler/innen aus Klassen mit und ohne Noten in Bezug auf diese Dimensionen der Persönlichkeit?

In Berlin ist nur in der ersten Klasse die verbale Beurteilung obligatorisch, danach entscheiden die Eltern mit über die Zeugnisform. Von Beginn der Untersuchung an (Anfang des 2. Schuljahrs) bis zum Ende der sechsjährigen Grundschulzeit wurden Klassen mit und ohne Notengebung in Klasse 2 und 3 zu verschiedenen Messzeitpunkten in Bezug auf Schulleistungen und schulrelevante Persönlichkeitsmerkmale verglichen. Wir verwendeten dabei Verfahren aus der Münchner LOGIC- bzw. SCHOLASTIK-Untersuchung (s. Helmke 1993) sowie weitere erprobte Verfahren zur Messung leistungsbezogener Persönlichkeitsmerkmale.

Die folgende Abbildung gibt einen Überblick über die Anlage unserer Studien. Im Projekt **SABA** (**S**chulische **A**daptation und **B**ildungs**a**spiration) wurde die Längsschnittstudie zur Erfassung der Entwicklung von Schulleistungen, Einstellungen und schulbezogenen Persönlichkeitsmerkmalen von Schülerinnen und Schülern bis zum Ende der sechsjährigen Grundschulzeit fortgesetzt.

Am Beginn unserer Untersuchung erfassten wir in unserer *Stichprobe* 41 Klassen aus 23 Schulen in 15 Berliner Bezirken. Sie wurden auf der Grundlage von Statistiken der Senatsschulverwaltung ausgesucht. Das wichtigste Kriterium für die Auswahl der Schulen war die bereits praktizierte Umsetzung der verbalen Beurteilung - im Schuljahr vor Beginn unserer Untersuchung in mindestens einer 3. oder 4. Klasse. Die teilnehmenden Klassen sollten nicht den Status einer Integrationsklasse haben und ihr Ausländeranteil sollte kleiner als 25% sein. Zudem wurde auf eine ähnliche soziale Zusammensetzung der Schülerschaft in den Schulen im Ost- und Westteil Berlins geachtet. Bei den erwähnten 41 Klassen handelte sich um 20 Klassen aus dem Ostteil, von denen am Beginn der Untersuchung im 2. Schuljahr 11 verbal beurteilt wurden, und 21 Klassen aus dem Westteil der Stadt, unter ihnen 15 mit verbaler Beurteilung in der 2. Klasse. Das Überwiegen von Klassen mit Verbalbeurteilung sollte die zu erwartende Abnahme der Anzahl dieser Klassen berücksichtigen, damit wir auch beim fünften Messzeitpunkt noch über eine ausreichende Anzahl verfügten. Eine derartig große Stichprobe zusammenzustellen erwies sich natürlich als sehr aufwendig und war vor allem im Ostteil der Stadt schwierig. So war es sehr kompliziert, Lehrkräfte zu finden, die beabsichtigten, über das 2. Schuljahr hinaus verbal zu beurteilen.

Aus den insgesamt 41 Klassen nahmen zum 1. Messzeitpunkt (MZP) jeweils 7 bis 12 Kinder an der Untersuchung teil. Diese Auswahl erfolgte nach Zustimmung der Eltern, Geschlecht des Kindes und möglichst gleichmäßiger Verteilung über drei Leistungsgruppen, in welche die Lehrkräfte ihre Klasse auf unseren Wunsch hin eingeteilt hatten. Daraus ergab sich zum 1. MZP eine Gesamtzahl von 434 Kindern, 228 Mädchen und 206 Jun-

Überblick über die Messzeitpunkte von NOVARA/SABA
und die jeweils erhobenen Variablen

Untersuchungs-gegenstand	Pro-banden	MZP 1 Beginn 2. Kl.	MZP 2 2.Hj. d. 2. Kl.	MZP 3 Beginn 3. Kl.	MZP 4 2.Hj. d. 3. Kl.	MZP 5 Beginn 4. Kl.	MZP 6 Beginn 5. Kl.	MZP 7 Beginn 6. Kl.
Beurteilungsformen: Akzeptanz und Funktion	Eltern		X					X
Beurteilungsformen: Akzeptanz und Funktion	Lehrer		X				X	
Beurteilungsformen: Konzept, Akzeptanz und Funktion	Kinder	X		X	X	X		X
Realisierung der Zeugnisse	Lehrer	X		X		X		
Auswirkungen: Persönlichkeitsvariablen: Absolutes Fähigkeitsselbstkonzept	Kinder	X	X	X	X	X	X	
Relatives Fähigkeitsselbstkonzept	Kinder	X	X	X	X	X	X	X
Lernfreude	Kinder	X	X	X	X	X	X	X
Subjektive Aufgabenschwierigkeit	Kinder	X	X		X		X	X
Erklärungsvorstellungen bei Erfolg und Misserfolg*	Kinder	X	X		X	X	X	X
Leistungsmotivation	Kinder	X			X			
Eigenschaftsängstlichkeit	Kinder	X			X			
Leistungsängstlichkeit	Kinder			X		X	X	X
Selbstwert	Kinder					X	X	X
Weitere Variablen: Intelligenz	Kinder		X					X***
Allgemeine Schulleistung**	Kinder		X		X	X	X	X***
Zensuren	Kinder			X	X	X	X	X
Konzentration	Kinder						X	

* Vom 5. MZP an wurde lediglich nach den Erklärungsvorstellungen von Misserfolg gefragt.
** Die Schulleistung wurde jeweils am Ende des zweiten Halbjahres erhoben, da dies für die hierfür eingesetzten Tests so vorgesehen ist.
*** wurde zum 8. MZP am Ende des 6. Schuljahrs erhoben.

gen. Jeweils 217 Kinder kamen aus dem Ost- und dem Westteil Berlins. Zu späteren Messzeitpunkten, an denen auch Gruppentests durchgeführt wurden, erhöhte sich die Teilnehmerzahl auf 550 bis 650 Kinder.

Im Verlauf des Projekts war leider ein über Erwarten großer Rückgang an Klassen mit verbaler Beurteilung zu beklagen. In der 3. Klasse wurden nur noch fünf Klassen im Westteil und eine Klasse im Ostteil verbal beurteilt. In der 4. Klasse verblieb uns nur noch eine Westberliner Klasse mit verbaler Beurteilung. Das heißt: Im Schuljahr 1995/96 bekamen noch 100 Kinder verbale Beurteilungen und 571 Mädchen und Jungen Zeugnisse mit Noten. Im Schuljahr 1996/97 erhielten von den 554 beteiligten Kindern nur 21 eine verbale Beurteilung. Dieser starke Rückgang entsprach dem allgemeinen Trend an Berliner Grundschulen: Die Verbreitung der verbalen Beurteilung in diesem Schuljahr betrug in der zweiten Klassen 36%, in der 3. Klasse 8% und in der 4. Klasse nur noch 4%, wobei die Zahlen im Ostteil der Stadt noch bedeutend niedriger waren.

Gleichzeitig schrumpfte auch im Laufe des Projekts die Anzahl der teilnehmenden Klassen aus Westberlin, und zwar im 3. Schuljahr auf 19 und im 4. Schuljahr auf 18. Grund war die Verweigerung der weiteren Teilnahme durch die Klassenlehrerin, wobei die Angst vor möglichen Schulleistungsvergleichen und einer externen Evaluation eine nicht unerhebliche Rolle spielte.

Zur Stichprobenverzerrung, die bei der Interpretation der Ergebnisse zu berücksichtigen ist, kann Folgendes angemerkt werden: Zu Untersuchungsbeginn ist sicherlich wegen der freiwilligen Teilnahme und der erforderlichen Aufgeschlossenheit der Lehrkräfte für die verbale Beurteilung eine leicht positive Auslese zu konstatieren, die sich auch in dem leicht erhöhten IQ (CMM-Wert von ca. 30) ablesen lässt. Allerdings vergrößerte sich diese Verzerrung nicht. Am Ende der Klasse 6 wies unsere Stichprobe in wichtigen Merkmalen nur geringfügige (positive) Unterschiede zur Gesamtschülerschaft Berlins auf: Der Mittelwert des Intelligenz-Quotienten im CFT betrug 103, erwartbar ist ein Mittelwert von 100. Der Anteil der Kinder mit Gymnasialempfehlung lag bei 31,9% und war damit nur etwas höher als der im selben Jahr vom statistischem Landesamt für Berlin ermittelten Prozentsatz von 29,3%.

Damit lässt sich feststellen, dass - wie bei empirisch-erziehungswissenschaftlichen Studien üblich - eine leicht positive Auslese der Stichprobe gegeben ist, die Verzerrung hält sich jedoch in Grenzen. Insofern können aus den Ergebnissen mit einiger Vorsicht allgemein gültige Schlussfolgerungen abgeleitet werden.

Literatur

Allgemeine Bevölkerungsumfrage der Sozialwissenschaften (ALLBUS). Infra-Test. München 1986

Bartnitzky, H.: Zeugnisse als lernfördernde Rückmeldungen. In: Böttcher, W./Brosch, U./Schneider-Petri, H. (Hrsg.): Leistungsbewertung in der Grundschule. Weinheim/Basel 1999, S. 15-29

Bartnitzky, H./Christiani, R.: Zeugnisschreiben in der Grundschule. Heinsberg 1987

Baumgarten, H.: Die Lüge bei Kindern und Jugendlichen. Beiheft zur Zeitschrift für angewandte Psychologie, Leipzig 1917

Benner, D./Ramseger, J.: Zwischen Ziffernzensur und pädagogischem Entwicklungsbericht: Zeugnisse ohne Noten in der Grundschule. In: Zeitschrift für Pädagogik, 31, 1985, S. 151-174

Beutel, S.-I./Jachmann, M./Lütgert, W./Tillmann, K.-J./Vollstädt, W.: Noten oder Berichte - die schulische Beurteilungspraxis in der Sichtweise von Schülern, Lehrern und Eltern. Endbericht Teil B „Datenanalyse" des Forschungsprojektes „Leistungsbeurteilung und -rückmeldung an Hamburger Schulen" (LeiHS) 2000

Beutel, S.-I./Vollstädt, W.: Leistung ermitteln und bewerten. Hamburg 2000

Böttcher, W./Brosch, U./Schneider-Petri, H. (Hrsg.): Leistungsbewertung in der Grundschule. Weinheim/Basel 1999

Brügelmann, H.: Öffnung des Unterrichts. Befunde und Probleme der empirischen Forschung. In: Brügelmann, H./Fölling-Albers, M./Richter, S.: Jahrbuch Grundschule. Fragen der Praxis - Befunde der Forschung. Seelze/Velber 1998, S. 8-42

Dohse, W.: Das Schulzeugnis. Sein Wesen und seine Problematik. Weinheim/Berlin 1967

Faust-Siehl, G./Schweitzer, F.: Anstrengung ist alles - Wie Kinder schulische Leistungen verstehen. In: Bartnitzky, H./Portmann, R.: Leistung in der Schule - Leistung der Kinder. Frankfurt am Main 1992, S. 50-60

Fend, H.: Schulklima: Soziale Einflussprozesse in der Schule. Weinheim 1977

Fölling-Albers, M.: Schulkinder heute - Auswirkungen veränderter Kindheit auf Unterricht und Schulleben. Weinheim 1992

Fokken, E.: Die Leistungsmotivation nach Erfolg und Misserfolg in der Schule. Empirische Untersuchungen über die Auswirkungen von Erfolg und Misserfolg auf die Lernbereitschaft und die Leistung. Hannover 1966

Freese, H.-L.: Verbale Beurteilung auf Jahrgangsstufe 3. Abschlussbericht über eine Begleituntersuchung. Berlin 1990 (unveröffentl. Manuskript)

Gaude, P.: Beobachten, Beurteilen und Beraten von Schülern. Frankfurt/Main 1989

Haußer, K.: Verbalbeurteilung in Schulzeugnissen. Eine psychologische Inhaltsanalyse. In: Die Deutsche Schule, 83, 1991, H. 3, S. 348-359

Heckhausen, H.: Die Interaktion von Sozialisationsvariablen in der Genese des Leistungsmotivs. In: Graumann, C. F. (Hrsg.): Handbuch der Psychologie, Bd. 7/2, Sozialpsychologie. Göttingen 1972, S. 955-1019

Heller, K. A./Nickel, H. (Hrsg.): Psychologie in der Erziehungswissenschaft. Bd. 1, Verhalten und Lernen, Stuttgart 1980, 3. Aufl.

Helmke, A.: Schulische Leistungsangst - Erscheinungsformen und Entstehungsbedingungen. Integration theoretischer Ansätze und empirische Analysen zu Risikofaktoren schulischer Leistungsangst in Schule und Familie. Frankfurt 1983

Helmke, A.: Achievement-related motives, self-evaluations, causal attributions and school experiences of third graders. In: Weinert, F. E./Schneider, W. (eds.): The Munich Longitudinal Study of the Genesis of Individual Competencies (LOGIC). Report No. 9, 1993, 111-133

Helmke, A.: Statement zum Projektbericht: NOVARA. In: Benner, D./Merkens, H. u. Gatzemann, Th. (Hrsg.): Pädagogische Eigenlogiken im Transformationsprozess von SBZ, DDR und neuen Ländern. FU Berlin, 1996, S. 172-182

Helmke, A.: Entwicklung lern- und leistungsbezogener Motive und Einstellungen: Ergebnisse aus dem SCHOLASTIK-Projekt. In: Weinert, F. D./Helmke, A. (Hrsg.): Entwicklung im Grundschulalter. Weinheim 1997, S. 59-76

Helmke, A.: Vom Optimisten zum Realisten? Zur Entwicklung des Fähigkeitsselbstkonzeptes vom Kindergarten bis zur 6. Klasse. In: Weinert, F. E. (Hrsg.): Entwicklung im Kindesalter. Weinheim 1998, S. 115-132

Helmke, A./Renkl, A.: Unaufmerksamkeit in Grundschulklassen: Problem der Klasse oder des Lehrers? In: Zeitschrift f. Entwicklungspsychologie u. Pädagogische Psychologie, Bd. 15, H. 3, 1993, S. 185-205

Hildebrand-Nilshon, M.: Schulleistung und Schullaufbahnperspektive - Indizien aus Schülerinterviews. In: Hagenstedt, H./Hildebrand-Nilshon, M. (Hrsg.): Schüler beurteilen Schule. Analyse und Interpretation von Dokumenten zum Schulalltag aus dem Blickwinkel von Schülern. Düsseldorf 1980

Ingenkamp, K.: Zur Problematik der Jahrgangsklasse. Weinheim, Berlin, Basel 1969

Ingenkamp, K.: Diagnostik in der Schule. Beiträge zu Schlüsselfragen der Schülerbeurteilung. Weinheim und Basel 1989

Ingenkamp, K. (Hrsg.): Die Fragwürdigkeit der Zensurengebung. Texte und Untersuchungsberichte. Weinheim und Basel (9. Aufl.) 1995

Johannesson, I.: Über die Wirkungen von Lob und Tadel auf Leistungen und Einstellungen von Schulkindern. In: Weinert. F. (Hrsg.): Pädagogische Psychologie. 8. Aufl., Köln 1974, S. 336-345

Jürgens, E.: Leistungserziehung durch pädagogische Beurteilungsprozesse. In: Die Grundschule, 1996, H. 2, S. 8-11

Jürgens, E.: Die „neue" Reformpädagogik und die Bewegung Offener Unterricht. 4. erweiterte Aufl., Sankt Augustin 1998

Jürgens, E.: Leistungsförderung in den Anfangsklassen. Skript zum Vortrag zum Deutschen Lehrertag 1999 in der Universität Potsdam

Kirschner, G.: Kinder wollen Zeugnisse - wollen Kinder Noten? Meinungsumfrage über Zeugnisformen. In: Bartnitzky, H./Portmann, R.: Leistung der Schule - Leistung der Kinder. Frankfurt am Main 1992, S. 79-83

Klauer, K. J.: Fördernde Notengebung durch Benotung unter drei Bezugsnormen. In: Olechowski, R./Persy, E. (Hrsg.): Fördernde Leistungsbeurteilung. Wien/München 1987, S. 180-206

Lehmann, R./Peek, R./Gänsfuß, R.: Aspekte der Lernausgangslage von Schülerinnen und Schülern der fünften Klassen an Hamburger Schulen. Hamburg 1997

Lenzen, D.: Pädagogische Grundbegriffe. Rowohlts Enzyklopädie 1995

Lißmann, U.: Zur Wirkung verschiedener Rückmeldungstechniken auf Lernende. In: Ingenkamp, K. (Hrsg.): Wert und Wirkung von Beurteilungsverfahren. Untersuchungen zu den Gütekriterien und der Wirkung diagnostischer Instrumente in der Schule. Weinheim/Basel 1981, S. 233-289

Lißmann, U.: Leistungsrückmeldungen in der Schule: Formen und Wirkungen. In: Bessoth, R. (Hrsg.): Schulleistung 4, Lerneinheit 45.05. Neuwied 1984, S. 1-30

Lübke, S.-I.: Schule ohne Noten. Lernberichte in der Praxis der Laborschule. Opladen 1996

Mann, I.: Lernen können ja alle Leute. Lesen-, Rechnen-, Schreibenlernen mit der Tätigkeitstheorie. Weinheim/Basel 1990

Paetzold, B.: Lehrerrückmeldungen auf Schülerantworten. In: Lißmann, U./Paetzold, B. (Hrsg.): Leistungsrückmeldung, Lernerfolg und Lernmotivation. Weinheim/Basel 1982, S. 241-272

Paetzold, B./Lißmann, U.: Mündliche Leistungsrückmeldungen im Unterricht. In: Unterrichtswissenschaft, Heft 1, 1982, S. 51-58

Pekrun, R.: Schulleistung, Entwicklungsumwelten und Prüfungsangst. In: Pekrun, R./Fend, H. (Hrsg.): Schule und Persönlichkeitsentwicklung. Ein Resümee der Längsschnittforschung. Stuttgart 1991, S. 164-182

Pekrun, R.: Ziffernzensuren oder Berichtszeugnisse? Drei kritische Anmerkungen zur Annahme unterschiedlicher Wirkungen. In: Benner, D./Merkens, H./Schmidt, F. (Hrsg.): Bildung und Schule im Transformationsprozess von SBZ, DDR und neuen Ländern - Untersuchungen zu Kontinuität und Wandel. FU Berlin, 1996, S. 253-259

Pekrun, R./Fend, H. (Hrsg.): Schule und Persönlichkeitsentwicklung. Ein Resümee der Längsschnittforschung. Stuttgart 1991

Pekrun, R./Helmke, A.: Schule und Persönlichkeitsentwicklung: Theoretische Perspektiven und Forschungsstand. In: Pekrun, R./Fend, H. (Hrsg.): Schule und Persönlichkeitsentwicklung. Ein Resümee der Längsschnittforschung. Stuttgart 1991, S. 33-56

Pfister, G./Valtin, R. (Hrsg.): MädchenStärken. Probleme der Koedukation in der Grundschule, Frankfurt/M. 1996, 2. Aufl.

Ramseger, J.: Offener Unterricht in der Erprobung. Erfahrungen mit einem didaktischen Modell. München 1977

Rheinberg, F.: Leistungsbewertung und Lernmotivation. Göttingen/Toronto/Zürich 1980

Rheinberg, F.: Soziale versus individuelle Leistungsvergleiche und ihre motivationalen Folgen in Lehr-Lernsituationen. In: Olechowski, R./Persy, E. (Hrsg.): Fördernde Leistungsbeurteilung. Wien/München 1987, S. 80-115

Rolff, H.-G. u.a.: Jahrbuch der Schulentwicklung. Band 8. Weinheim/München 1994

Rolff, H.-G. u.a.: Jahrbuch der Schulentwicklung. Band 9. Weinheim/München 1996

Rolff, H.-G. u.a.: Jahrbuch der Schulentwicklung. Band 10. Weinheim/München 1998

Sacher, W.: Prüfen. Beurteilen. Benoten. Bad Heilbrunn/Obb. 1996

Sarason, S. B./Davidson, K. S./Lighthall, F. F./Waite, R. R./Ruebush, B. R.: Angst bei Schulkindern. Ein Forschungsbericht. Stuttgart 1971

Schaub, H.: Weder Noten - noch Berichtszeugnisse: Lernentwicklungsberichte. Von der Zeugnisreform zur pädagogisch-diagnostischen Reform. In: Die Grundschulzeitschrift 63/1993, S. 8-11

Schlittgen, R.: Einführung in die Statistik. Analyse und Modellierung von Daten. 8. Aufl. München, Wien 1998

Schlottke, P. F./Speidel, E.: Der Schulbericht in der Grundschule. In: Lehren und Lernen, 7, 1981, 3, S. 1-27

Schmalt, H.-D.: Das LM Gitter. Handanweisung. Göttingen 1976

Schmidt, H. J.: Grundschulzeugnisse in Niedersachsen. Bericht über eine Untersuchung. Lüneburg 1980 (Wissenschaft und Praxis, Bd. 1)

Schmidt, H. J.: Grundschulzeugnisse unter der Lupe. In: Die Deutsche Schule, 73, 1981, S. 486-496

Schmude, C.: Berichtszeugnisse - unnötiger Aufwand oder aufwendige Notwendigkeit? Evaluation verbaler Leistungsbeurteilungen und differenzielle Entwicklungsverläufe bei Kindern im Grundschulalter. Dissertation, Humboldt-Universität zu Berlin 2001

Schnabel, K.: Prüfungsangst und Lernen. Münster/New York 1998

Schwarzer, R.: Stress, Angst und Hilflosigkeit. Stuttgart 1987

Tillmann, K.-J./Vollstädt, W.: Die Funktion der Leistungsbeurteilung in unterschiedlichen Schulstufen und Bildungsgängen - ein schultheoretische Einordnung, In: Beutel, S.-J./Lütgert, W./Tilmann, K.-J./Völlstädt, W.: Ermittlung und Bewertung schulischer Leistungen, Freie und Hansestadt Hamburg, Behörde für Schule, Hamburg 1999, S. 8-39

Tillmann, K.-J./Vollstädt, W.: Funktionen der Leistungsbewertung. Eine Bestandsaufnahme. In: Beutel, S.-I./Vollstädt, W.: Leistung ermitteln und bewerten. Hamburg 2000, S. 27-38

Trudewind, C./Geppert, U./Börner, H.: Selbständigkeitserziehung durch Lehrer: Beziehungen zur Leistungsmotivation und Ängstlichkeit der Schüler. Zeitschrift für Empirische Pädagogik, 3, 1975, S. 235-251

Ulbricht, H.: Wortgutachten auf dem Prüfstand. Eine empirische Untersuchung zur verbalen Beurteilung in der 1. und 2. Klasse der Grundschule mittels Elternbefragung und Zeugnisanalyse. Münster/New York 1993

Valtin, R./Walper, S.: „Lügen darf man nur, wenn's notfällig ist". Was Kinder über Lügen und Notlügen denken. In: Valtin, R.: Mit den Augen der Kinder. Freundschaft, Geheimnisse, Lügen, Streit und Strafe. Reinbek b. Hamburg 1991, S. 154-187

Valtin, R./Darge, K.: Gute Noten für die sechsjährige Grundschule. In: blz 55 (70.) Jg., 2-3/2001 extra, S. I-IV

Valtin, R./Rosenfeld, H.: Einstellungen und Meinungen von Eltern zur Grundschule, GSV aktuell, 2000

Wallrabenstein, K.: Berichtszeugnisse auch in Klasse 3 und 4 - Erfahrungen aus Hamburg. In: Bartnitzky, H./Portmann, R.: Leistung in der Schule - Leistung der Kinder. Frankfurt am Main 1992, S. 120-127

Wallrabenstein, W.: Offene Schule - Offener Unterricht. Ratgeber für Eltern und Lehrer. Reinbek b. Hamburg 1991

Weiner, B. u.a.: Perceiving the Causes of Success and Failure. Morristown 1971

Weinert, F. E./Helmke, A.: Entwicklung im Grundschulalter. Weinheim 1997

Weishaupt, H./Zedler, P.: Aspekte der aktuellen Schulentwicklung in den neuen Ländern. In: Rolff u.a. 1994, S. 395-429

Weiß, W. W.: Lehrerbefragung zur Leistungsbeurteilung in der Grundschule. In: Schwark, W./Weiß, W. W./Regelein, S.: Beurteilen und Benoten in der Grundschule. Bestandsaufnahme und Anregungen für die Praxis, München 1986, S. 59-102

Ziegenspeck, J. W.: Handbuch Zensur und Zeugnis in der Schule. Historischer Rückblick, allgemeine Problematik, empirische Befunde und bildungspolitische Implikationen. Bad Heilbrunn/Obb. 1999

Autorinnen und Autor

Renate Valtin, Dr. phil., Professorin für Grundschulpädagogik, Humboldt-Universität zu Berlin, Philosophische Fakultät IV, Institut für Schulpädagogik und Pädagogische Psychologie, Unter den Linden 6, 10099 Berlin

Corinna Schmude, Dipl.-Psych., Dr. phil., wissenschaftliche Assistentin, Humboldt-Universität zu Berlin, Philosophische Fakultät IV, Institut für Schulpädagogik und Pädagogische Psychologie, Unter den Linden 6, 10099 Berlin

Heidrun Rosenfeld, Dipl.-Psych., MPH, Sömmeringstr. 39, 10589 Berlin

Kerstin Darge, Dipl.-Päd., wissenschaftliche Mitarbeiterin, Humboldt-Universität zu Berlin, Philosophische Fakultät IV, Institut für Schulpädagogik und Pädagogische Psychologie, Unter den Linden 6, 10099 Berlin

Gudula Ostrop, Dipl.-Psych., wissenschaftliche Assistentin, Humboldt-Universität zu Berlin, Philosophische Fakultät IV, Institut für Schulpädagogik und Pädagogische Psychologie, Unter den Linden 6, 10099 Berlin

Oliver Thiel, Dipl.-Phys., wissenschaftlicher Mitarbeiter, Humboldt-Universität zu Berlin, Philosophische Fakultät IV, Institut für Schulpädagogik und Pädagogische Psychologie, Unter den Linden 6, 10099 Berlin

Matthea Wagener, Dr. phil., Dipl.-Päd., Lehrerin an einer Berliner Grundschule, Moselstr. 9, 12159 Berlin

Christine Wagner, Dr. habil., wissenschaftliche Mitarbeiterin, Humboldt-Universität zu Berlin, Philosophische Fakultät IV, Institut für Schulpädagogik und Pädagogische Psychologie, Unter den Linden 6, 10099 Berlin